未来の人材は「音楽」で育てる

世界をひらく5つのリベラルアーツ・マインド

菅野 恵理子［著］
Sugano Eriko

ARTES

はじめに

未来世代に求められる五つのマインド

●音楽で伸ばせるマインドや能力とは？――社会から音楽に問いかける

日々変化し続ける世界。グローバル社会はこれからどのように変容していくのだろうか？　たしかに、時代によって人間の価値観や生活習慣などは大きく変わる。しかし人間の本質や本能はさほど変わらないのではないか。古代や中世であろうが、はたまた現代であろうが、人間は、あいかわらず笑ったり泣いたり、悩んだり楽しんだりしながら、日々を生きている。少しでも幸せになりたいと願いながら。

しかし二一世紀は、これまでの世紀と大きく異なる点もある。人間そのものの研究が進み、人間とほぼ同等かそれ以上の能力を獲得していくといわれる、人工知能（AI）が出現したことだ。いずれ既存の職業の何割かは、人工知能に取って代わると予測されている。しかしながら人間は神秘な存在で、まだ開花していない潜在能力もあるかもしれない。未来社会においては、機械にまかせられる部分はまかせるとして、人間にできることは何かがさらに追究されていくだろう。それは、人間ほんらいの力を再発見することにつながる。

ではどのようにすれば、その力に気づくことができるだろうか？　たとえば古今東西の芸術作品には、過去の音楽家や芸術家が発揮してきた才能や感性の断片が刻まれている。彼らは鋭い感性をもって、多くの人が気づかない音色や色彩を発見し、自己や他者の心象風景を読み解き、世の中の動きを察知し、物事の本質や自然の摂理を見抜き、作品をとおして人々に伝えた。つまり、人間の感性を極限まで活かした人々である。そして音楽や芸術の歴史とは、それらが積み重なってできた人類の記憶の宝庫なのだ。たんなる記憶だけでなく、「新しい未来を創造したい」という想念も刻まれている。そこに、これからの時代を生き抜くヒントがあるのではないだろうか？

本書では、「未来世代は教養として、どんなマインドや思考を身につければよいか」を五つ挙げた。過去の音楽家の作品や生きざまからヒントを得ながら、読者のみなさんの未来社会を考えるきっかけになればさいわいである。また筆者がこれまでに執筆した国内外での取材記事から、各マインドを活かした教育事例をいくつかご紹介している。なお、本書のテーマおよび取り上げた作曲家や作品は、ひとつの提案である。今回はこのようなテーマに沿って選んだもので、名曲選集の類ではない。ぜひ膨大な音楽資源を活かして、みなさんひとりひとりの切り口を考えていただければさいわいである。

また、はじめてその作曲家の音楽を聴く方に向けて、「この曲を聴いてみよう！」というコーナーで二〜三曲ずつ紹介している。それぞれのライフストーリーを読みながら聴いていただくと、彼らの創造力が垣間見えるだろう。

目次

はじめに　未来世代に求められる五つのマインド……001

第1章　多様性から新しいヴィジョンを生み出す人……013

世界は多様性に満ちている……014

【創造者に学ぶ】

●身近な多様性に気づく――バルトーク……017
・身近にある多様性を発見する
・人間の営みをひとつひとつ再現するように――採集
・周囲にも積極的に目を向ける――採集の拡大
・俯瞰してみる――分類・体系化
・起源を掘り起こすことにより、見えてくる時代の流れ――歴史的考察
・自然と人間を愛したからこそ

●多様性を組み合わせる――ストラヴィンスキー……033
・多様性から生まれるイノベーション――リミックスの先駆けか
・多様な素材のインプットから、ある日ふと着想

・素材に宿るエネルギーに魅せられて
・すべての動機は愛
まとめ　一　**多様性を活かす大きなヴィジョン**……045

［現代の教育にどう活かす？］

● **子供のころから音楽で学ぶ多様性**——**フランスの聴音教材**……047
● **音楽の解釈にも多様性がある**——**エリザベート王妃国際音楽コンクール**……054
● **自分×他者の創造力をかけ合わせる**——**英国の創造力ワークショップ**……059
● **多分野を組み合わせた学際的研究**——**フランスの研究大学**……062

第2章　ソーシャルなマインドをもつ人

第2章　ソーシャルなマインドをもつ人……067

互恵社会のなかでつながり、ともに創造する……068

［創造者に学ぶ］

● **自分・相手・社会をつなぐ**——**リスト**……072
・芸術を最大価値化するために——自分と他人の才能に気づく天才

・後進の育成、その影響はロシアやフランスまで
・近代への足掛かりを作った先駆者として
●過去・現在・未来をつなぐ――メンデルスゾーン……084
・リベラル・アーツ教育の体現者が、眠れる文化遺産を復興
・公正な眼で価値を見出し、未来へ伝える
まとめ ― 自分というミクロの存在を、マクロの世界に見出す……091
【現代の教育にどう活かす？】
●未来をともに創るグループワーク――アンサンブル教育……093
●人々の心をつなげる欧州の音楽祭――ザルツブルク、ドレスデン、ルツェルン……098
●音楽で国境を越える――イスラエルとパレスチナ、韓国と北朝鮮……106
第3章 レジリエンスの精神をもつ人……111
物の見方を柔軟にすること……112

［創造者に学ぶ］

●二つの視点から物事を見る――プーランク……114

・ブルジョワと庶民、聖と俗のあいだで

・二つの視点から見た世界観

●想像を自由にめぐらせる――ラヴェル……125

・鏡に映る「もうひとりの自分」に問いかけるように

・超現実の世界を探求して

・醒めた眼で、もうひとりの自己と戯れる

・遊びとしての芸術行為

●冷静に観察し、しなやかにはねのける――ショスタコーヴィチ……137

まとめ　一　柔軟かつ冷静に受けとめる力……141

［現代の教育にどう活かす？］

●一つのテーマから、複数の想像をふくらませる――ルーヴル美術館鑑賞コース……144

●複数の問いから、一つの文脈を読み解く――二〇二〇年度大学入試改革……148

●より広い土壌で音楽を学ぶ――青山学院大学文学部比較芸術学科……151

第4章　フロンティアとして道を創る人……167

普遍的な原理を知り、新しい時代に活かす……168

【創造者に学ぶ】

●技法を汎用化し、精神を普遍化する――J・S・バッハ……170

・地平線を大きく広げる力――研究と実践を繰り返して創造へ
・すべての調性をコンプリート
・技法の汎用性、精神の普遍性を求めて
・時を超える自由精神

●身体感覚で未知の世界を開拓する――ドビュッシー……187

・地平線を軽やかに越える力――型破りか、独創的か
・対象の深層に入りこむと、境界線が消える
・内なる衝動、生命の律動に共鳴して

まとめ　―　限定的な規則より、普遍的な原理を……200

【現代の教育にどう活かす？】

●既存の技法から新しい表現を生み出す――パリ国立高等音楽院……202

●次世代リーダー教育に音楽を――ザルツブルク・グローバルセミナー……209

第5章　生命・宇宙のサイクルを感じとる人……213

見えない気や感情を察知する……214

【創造者に学ぶ】

●感情を深く受けとめて表現する――ショパン……218

・心の声を聴く、見えない思いを表現する

・音楽が伝える、心の奥にある想い

・絶え間なく湧き出る楽想は、心の揺らぎか

●あらゆる人間や自然に目を向ける――モーツァルト……231

・なにげない日常から、深遠な世界を見とおす

・ほんとうの財産は頭のなかに

・愛し、愛され、愛され続けて

●天・地・人を調和させる――ヒルデガルト・フォン・ビンゲン …… 244
・天界・自然・人間を調和させるために
・音楽が宇宙とつながるという神秘
まとめ ― すべては感じる&観じる力から …… 253

【現代の教育にどう活かす?】
●子どもに伝えたいさまざまな感情表現――フランスの音楽絵本 …… 255
●身体を動かして世界の音を感じ取る――リトミック教育 …… 260

コラム
●音楽も学ぶ? 音楽で学ぶ?――いまアメリカの大学では …… 160
アメリカの総合大学で学ばれている音楽科目例 …… 163

おわりに …… 267

第1章

多様性から新しいヴィジョンを生み出す人

世界は多様性に満ちている

この世界は多様性に満ちている。さまざまな文化や社会、さまざまな人格や人生観があり、自分自身もその一端をになっている。自分がいるからこそ、世界はさらに多様性を帯びる。そしてその自分自身さえ、迷いや矛盾を抱える多様性に満ちた存在なのだ。

人と人が交わるところでは、つねに多様性に向き合うことになる。はじめてその接点に立つとき、何かしらの戸惑いや葛藤が生じるのは自然な反応だ。それでも少しずつ相手を知り、受け入れていくことで、自らの世界が広がっていく。現代は科学技術やソーシャルメディアの発達によって、これまで知られていなかった他者の存在や考え方、社会の多様なあり方、自然の複雑な営みが見えるようになった。多様性を自明の理として知り、学ぶことができるようになっている。多様化というよりも、もともと世界が多様であることに、多くの人が気づきはじめたということなのだ。なかには、遠い場所に自分と似た人やコミュニティを見つけることもあるだろう。昨今はさまざまな社会問題もグローバル化している。同じ問題意識を共有しながらも、その問題の受け止め方や対応は多様である。グローバル化があまりに急速に進み、一時的に内向きに転じる動向も見えるが、とくに若い世代はグローバル化を前提とした行動パターンをもっており、この傾向は将来的にも定着していくだろう。

いまビジネスの世界でも、個人またはローカル社会の特性や独創性が掘り起こされ、汎用性のあるプラットフォームを通じて、それらがグローバルに広がる動きがある。たとえば個人が部屋を貸し出す民泊Airbnb（エア・ビー・アンド・ビー）、個人がドライバーとなる配車サービスUber（ウーバー）、クラウドワーキングやクラウドファンディングなど、個人がもつ技術や資産を提供するプラットフォームを通じて、それを必要としている世界中の人に最適なものを届けることが実現している。これらは需要供給ともに多様であるからこそ生まれた動きであろう。

それだけでなく、多様性はイノベーションをもたらす。真の創造者にとって、多様性は不可欠なものだろう。歴史を振り返っても、新しい文化というのは異質なものとの出会い、異国人や異文化体験者からもたらされることが多かった。音楽家や芸術家も、積極的に多様性を求め、創造活動への活力と霊感を得てきた。たとえば他者の言葉や思想、異国や異文化との交流、外国の音楽や楽器との出会い……各地に古くから伝わる民謡や舞踊、美術、文学、神話からのインスピレーションなど、じつにさまざまである。いっけん音楽とは関係ないものも多いが、視点をわずかに広げてみるだけで、いままでさほど意識していなかったことがとつぜん新鮮な魅力を放ちはじめる。多様性を知ることで新たな発想の手がかりが生まれ、イノベーションのヒントとなりうるのだ。

では、われわれはどのように多様性と向き合えるだろうか？　音楽家はどのように多様性とかかわり、何を生み出してきたのだろうか。

創造者に学ぶ

バルトーク
身近な多様性に気づく

●身近にある多様性を発見する

多様性を受け入れる第一歩は、まず自分を知ること。そして相手を知り、理解しようとすることである。ハンガリーで生まれたベーラ・バルトーク（一八八一〜一九四五）は、自らのなかに多様性を発見した人である。当時、ハンガリー、ルーマニア、スロヴァキア一帯はひとつの国であったが（オーストリア＝ハンガリー帝国〔一八六七〜一九一八〕）、それぞれ民族も歴史も異なる。ハンガリーは

ベーラ・バルトーク

アジア起源のマジャール系、ルーマニアはローマ帝国起源のラテン系、スロヴァキアはハンガリー王国やハプスブルク帝国支配下の時代があり、さまざまな文化が融合していた。彼にとっての多様性の起源は、自国の郷土文化そのものだったのである。
バルトークは二三歳のとき、トランシルヴァニア地方出身の使用人が歌う民謡を聴いたことがきっかけで、民俗音楽の研究を始めた。作曲家・言語学者・哲学者のゾルターン・コダーイとともに、ハンガリー、ルーマニア、スロヴァキアなど各地に伝わる民謡の採集と研究を重ね、それらを素材・題材として独創的な編曲作品を多数書いた。三四作品（約三〇〇曲）が確認されている［**1**］。
バルトークによる民謡採集は、たいへん精密かつ広範囲にわたるものだった。まるで土を一粒一粒、ていねいにすくい上げるように。彼は録音機をかついで村から村へとめぐり、農村生活や労働作業のなかで日々歌われている歌とその歌い手を探した。商業活動としての歌ではなく、真に農村生活のなかにある歌だ。そして村人に歌ってもらいながら即座に譜面に書き取り、さらに録音した。一番、二番、三番と歌い方が異なる場合も、それらをすべて記録した。できるかぎり客観的かつ科学的な手法で、民謡を採集したのである。事実をすべて精確に記録することによって、農村で受け継がれてきた民俗芸能の全容を浮き彫りにし、新たな視点でとらえようという壮大な試みであった。かならずしもおのれの作品創造のためだけではないだろう。そうしてバルトーク自身は一九〇五年から一九一八年までに二七〇〇曲を採集し、のちに、それまでに採集されたすべてのハンガリー民謡を体系的に分類している（ハンガリー民謡の体系的研究は、一八九八年ベーラ・ヴィカールから始まり、バルトーク、コダーイらが引き継ぎ、合計一万一〇〇〇曲が採集された）。

●人間の営みをひとつひとつ再現するように——採集

バルトークは、どんな小品にも郷土の歴史が投影されていることを、本能的にわかっていたのだろう。その曲がどのような文脈で生まれ、歌われているかを精査し、また編曲のさいにはその情景がリアルに再現されるように伴奏付けなどをおこなった。たとえばピアノ曲集《子どものために》第一巻には、ハンガリーの農民音楽をもとに編曲された四〇曲が収録されている。農村生活の過酷な労働のなかで、ひとときの安らぎと気分転換を求めるために歌われた歌は、どれも生き生きとしたものであったであろうことが伝わってくる。陽気な酒場の歌、豚飼いの歌、冗談の歌、子どもの遊びの歌、若い兵士の歌、自由を求める歌……など、どれも立体的な映像としてわれわれの前に迫ってくるようだ。

そのなかでも有名な第四〇番〈豚飼いの踊り〉では、遠くからやってくる豚の群れの様子を、じょじょに近づいてくる足音、荒い鼻息、土ぼこり、地響きを立てながら目の前をとおりすぎるさま、そしてだんだん遠のいていくさま――そんなふうに表現している。原曲はバグパイプと縦笛（同曲集唯一の器楽曲をもとにした編曲）であるが、バグパイプで奏でられる素朴で訥々《とつとつ》とした豚の歩み、縦笛とともに軽快に群れを誘導する豚飼い、そんななにげない日常の農村風景がイメージできる。

またユニークな仕掛けの曲もある。同曲集には酒の歌も含まれているが、うち四曲は、居酒屋に立ち寄り（第一九番）、豪快に酒をあおって上機嫌に歌い踊り（第二〇、二一番）、最後は飲みすぎて倒れる（第三六番）という筋書きになっていると、バルトーク研究家のパップ晶子氏は指摘している［**2**］。とくに第二一番はのっけから勢いよく*f*（フォルテ）で始まり、アクセントも多く、威勢よく酒をくらう男たちの姿が目に浮かぶ。マジャール民族の祖先は騎馬民族であるゆえ、こうしたアクセントも豪快にするのがお約束である。

また、もとの民謡には、二重の意味がこめられている歌もある。たとえば第三一番は暗い夜道をたどって恋人の家へ向かう歌だが、「星よ、星よ、輝いておくれ、道を照らしておくれ」という歌詞には、主人公である「哀れな若者」にハンガリーの国の運命を重ね合わせ、自由と解放を求めるというメッセージもこめられているといわれている。バルトークもひときわこの曲に愛着があり、最晩年の一九四五年にこの曲のピアノ演奏による録音を残している［**3**］。物悲しい響きに第二次世界大戦で敗戦国となったハンガリーの悲運に思いを重ねていることが想像される。最後は消え入るように*ppp*（ピアニッシッシモ）で終わる。

●周囲にも積極的に目を向ける――採集の拡大

バルトークはハンガリーに続き、スロヴァキア、ルーマニアの民謡採集にも精力を注いだ。お互いに隣接した国ながら、歴史的・文化的に異なる歩みを重ねてきたことを、音楽は雄弁に物語っている。

スロヴァキア民謡を素材にしたピアノ曲集《子どものために》第二巻には、子どもの歌だけでなく、愛の歌、哀悼の歌、儀式の歌、抒情的な歌などが多く盛りこまれている。原曲の歌詞も濃厚で、しっとりとした大人のバラードといった風情である。バルトークはその旋律に美しく物悲しい、そして独創的な和声をつけており、第一巻のハンガリー民謡とはまた違う一面を見せてくれる。

またルーマニアでは三五〇〇曲の民謡を採集した。日本でもよく弾かれるピアノ曲集《ルーマニア民俗舞曲集》BB68は、力強いステップで始まる男性の踊り（第一番）、少女たちが輪になる踊り（第二番）、アルペンホルンを模した踊り（第四番）、男女の求愛の踊り（第六番）など、農村生活のさまざまなシーンが再現されている。アルペンホルンとは、山岳地帯で羊飼いが吹く、長さが約二メートルほどある楽器である。また《ルーマニアのコリンダの歌》BB67はクリスマスの時期に歌われる《コリンダ》という歌を素材としている。ルーマニアでは、一〇人ほどのグループで家から家へとめぐりお祝いの歌などを歌う習慣があり、そういった子どもたちのにぎやかな様子や声が聞こえてきそうである。

民謡採集はトルコまでおよんだ。バルトークはここでテノールのもっとも高い音からしだいに下行していく歌などを聴き、古いハンガリー民謡の変化形ともいえるようなものだと驚いている。現地では九〇曲ほどしか採集できなかったものの、価値ある事実が確認できたと語っている。

バルトークは、各国の音楽の違いだけでなく、風習の違いも目の当たりにした。ハンガリーでは古い民謡がすたれており、老人たちがバルトークの説得に心を開くまで時間がかかったが、ひとたび歌いはじめればいくらでも途切れなく歌ってくれた。スロヴァキアの農民（農婦）たちにおいては、一人で一五〇〜二〇〇曲もの民謡を歌える人がごくふつうに存在していたという。歌詞は男女の愛を大らかに、またあけすけに歌った内容もあるが、若い子たちも自然に歌っていたそうだ。ルーマニアでは共同作業や労働と歌が密接に結びついており、自由な拍節で語るように歌う曲がいまだひんぱんに歌われ、複雑なメリスマまで正確に歌いこなしていた。トルコではいくら農婦が歌を知っていても、ご主人の許可がなければ公衆の面前で歌うことは許されないという社会通念があったため、バルトークの民謡採集もあまり大々的におこなうことができなかった。しかし研究者としてのバルトークは、そのような慣習も尊重する姿勢を貫いたのである。それは農民音楽の再現だけでなく、人の営みそのものを音に刻みたかったからではないだろうか。

バルトークはこうした研究の集大成的作品も書いている。五〇歳のときに作曲した《四四のヴァイオリン二重奏曲》ＢＢ１０４には、前述した国々に加え、それまでに採集していたアルジェリア、ルテニア（ウクライナ、ベラルーシ周辺の地域）、セルビアの民謡編曲も収録されていたり、ジャンルも多様になった［4］。

●俯瞰してみる——分類・体系化

バルトークは採集した民謡をもとに自身の作品において編曲・模倣するだけでなく、体系的に分類した。そして客観的な比較分析によって、国や地域による違いを明らかにした。

ハンガリー民謡の場合は、「古いスタイルの旋律」「新しいスタイルの旋律」「その他の旋律」に大別した。たとえば「古いスタイルの旋律」の特徴としては、四行歌詞、等音節、A—C—D—E—G（ラ—ド—レ—ミ—ソ）という半音の音程をもたない五音音階の使用、パルランド・ルバート（歌詞のリズムにしたがって拍節が自由に伸び縮みする）などである。ハンガリーでは一九世紀後半におこなわれた農奴解放や、オーストリア＝ハンガリー二重帝国支配下に入ったことで、農村生活もしだいに変わっていった。それを反映するのが「新しいスタイルの旋律」であるが、不等音節が出現したり、さまざまな旋法（エオリア、ドリアなど）が使用されたり、パルランド・ルバートではなくテンポ・ジュスト（拍を正確に刻む）になるなど、楽曲構造や歌われ方も変わっていく。ゆったり味わい深い歌から、歯切れよい歌へ。社会のあり方が、民謡にも変化をもたらしたことを明らかにした［**5**］。

また民謡を国別に比較分析することで、ハンガリー民謡が周辺の国々におよぼした影響やそれらの変化形を見出したり、また各国の独自性も浮き彫りにした。たとえば、スロヴァキア民謡にはハンガリー民謡の影響として付点音符のリズムが見られるが、いっぽうでハンガリーにはないリディア旋法の多用や、増四度を自由に使うといった特徴がある（《五つのスロヴァキア民謡》BB77）。ルーマニア民謡にはハンガリーのパルランド・ルバートに相当する労働歌があるが、ハンガリーのそれよりも豊かな装飾音で旋律線が彩られており、またA―H―Dis―E―Fis（ラ―シ―レ♯―ミ―ファ♯）という半音をふくむ五音音階がある（《七つのスケッチ集》BB54、第五曲）。トルコ民謡においては採集した九〇曲のうち約二〇曲は古いハンガリー民謡と同じく下行形構造をもつが、ハンガリーのそれよりも開始音が二度高い。また五音音階はなく、大半はエオリア旋法かドリア旋法である。多少の差異はあるものの、イスラムつながりのアラブ音楽の影響ではなく、むしろハンガリー民謡との類似性があることに驚いたバルトークであった［**6**］。

●起源を掘り起こすことにより、見えてくる時代の流れ——歴史的考察

民謡の体系化によって浮き彫りになってきたのは、それらが「いつどこで生まれ、どのように発展したのか」という起源と歴史的推移である。バルトークは東欧の農民音楽がここまで多種多様で豊かであることに、あらためて驚いている。それは、「異種配合」がつねになされていたからだと考えた［**7**］。その複雑に交差した文化をひもときながら、バルトークは民謡の起源を探った。そしてハンガリーの農民音楽は、原初的なアジアの音楽文化に由来があることを突き止めたのである。五音音階を多用していること、またチェレミス人（ロシアのヴォルガ川周辺に住む民族。マリ人ともいう）、キルギス人、タタール人のそれとも類似していることから、バルトークはこの仮説に自信をもった。これは隣接国との比較で得られた結果である。その比較対象は「約一万二千のチェコ・モラヴィア・スロヴァキアの曲、約千六百の南スラヴの曲、三千五百近くのルーマニアの曲」というから、バルトークの分析調査がいかに徹底したものであるかがわかる。いっぽう、ルーマニアはまた異なる歴史的背景をもつ。たとえばコリンダは西欧起源ではあるが、キリスト教摂取以前の、別の宗教時代のものが三分の一ほどあると分析している［**8**］。

ハンガリーやルーマニア民謡に見られる、キリスト教以外の由来という事実は、文化が地域や時代を超えて、複層的・複合的に成り立っていることを伝えてくれる。そしてこのことが、おもにキリスト教文化とともに発達してきた西洋音楽が席捲《せっけん》していた、一九世紀後半というこの時代に、大きな価値観の転換をもたらしたのである。

「(……)私たちの芸術音楽ではあまり用いられることのない古い音列が、その中では今も、生き生きとした生命力を失っていないことがはっきりと理解できたのです。(……)またそれによって、全音階音列の取り扱い方は、これまでの固定された長調・短調音階から解放され、さらには、その最終的な結果として、半音階的十二音体系のすべての音はまったく自由に取り扱いうるものであるという結論に導かれていきました」［**9**］

西洋音楽の歴史をさかのぼると、古代ギリシア・ローマ時代の旋法、中世の教会旋法などがあるが、一八世紀ころよりそれらの時代と違う調性が普及しはじめてからは、この長短二四の調をもとにさまざまな曲が生み出されてきた。つまりこの二〇〇年ほどは、調性というシステムが厳然とあった。しかしバルトークは、それより古い歴史の残滓《ざんし》がいまなお民謡に宿っていることを示したのである。それは「ギリシア旋法とある種の原始的な旋法—ペンタトニック—」であった［**10**］。そして彼は東欧各地に眠っていた音楽資源に、近代的な感性を駆使して新しい息吹を吹きこんだのだった。ドビュッシーなどの先行例はあったが、科学的・体系的調査にもとづいてそれを考察したのはバルトークであった。なおバルトークは民謡の編曲だけでなく、リズムや旋律を模倣したり、民謡をひとつのモティーフとして異種のリズムや旋律を組み合わせることもおこなった。これはストラヴィンスキーなどの影響といわれる。

●自然と人間を愛したからこそ

バルトークがこの研究をおこなった動機のひとつには、二〇世紀初頭の西欧諸国における価値観の転換がある。急速に都市化・工業化が進むなか、彼は昔からあった農村文化の豊かさ、素朴さ、多様さを尊重し、その存在意義を作品をとおして伝えたいと思うにいたった。貴族や資産家のブルジョワ的文化が上位と思われていた当時の価値基準をひっくり返し、たくましい生命力に満ちた農村文化の価値を訴えたのである。このような自国の民族性を尊重する傾向は、ロシアの国民楽派に象徴されるように、一九世紀後半から二〇世紀初頭にかけて他国でも見られた。

バルトーク自身のライフスタイルも、おそらく無関係ではない。自然をこよなく愛し、ときおり登山に出かけたり、どんな虫でも殺さず生かして放したなどのエピソードがある。自然や生命への関心、万物への敬意は、人間愛にもつながる。だからこそ、自己や自国だけでなく、他者や他国への愛情ももち合わせていた。自分自身のルーツを掘り下げていくことによって、ハンガリー人である誇りをもちながら、近隣のルーマニアやスロヴァキアなどとも精神的につながること、これは音楽をとおしてならばできると信じていた。

音楽研究家の伊東信宏氏の著書『バルトークの民俗音楽編曲』に、以下のようなエピソードがある。バルトークは第一次世界大戦中に、兵舎において民謡の採集をおこなった。そして一九一八年にオーストリア＝ハンガリー二重帝国の軍事省主催でおこなわれた演奏会において、それらが紹介された。じつはそのなかに一曲《五つのスロヴァキア民謡》が含まれていたが、そのときのプログラムには《ハンガリーの五つの民謡》（傍点は伊東氏による）と表記され、スロヴァキア語はドイツ語に翻訳して歌われた。これに対してバルトークは憤慨したそうだが、彼ならではのトリッキーなやり方でこの機会を利用したとも考えられる、と伊東氏は分析している。その理由として、ハンガリー王国内の少数民族であったスロヴァキア民謡を取り上げたことや、農民の歌であること、兵士として死んでいくことを嘆く反戦的な歌が入っていたこと、などが挙げられている[11]。人の営みの多様さをそのまま認めてほしい――きっとそんな信念に突き動かされてのことだろう。

だからこそバルトークは多様性を否定する思想を嫌悪した。一九三〇年代に急速に台頭したナチス政権の、アーリア種族を至上とする優生主義を掲げた思想や文化政策、周辺国をつぎつぎと併合・支配していくさまを見て、バルトークはおおいに危機感を覚えた。オーストリアがドイツの支配下に入ったいま、ハンガリーとて逃れられないかもしれない、自分はその支配下で活動することなど耐えられないと。意を決したバルトークは、作品の版権をナチス支配下となったオーストリアのウニヴェルザール社から英国のブージー・アンド・ホークス社へ移管し、一九四〇年にはアメリカに移住している。その後もコロンビア大学で研究と作曲を続け、祖国や隣国で出会った人々の行方を案じながら、一九四五年に亡くなった。

バルトークは人間の自由と尊厳をなにより重んじていた。そして人間の営みを大きく包みこむ自然や芸術をなにより愛した。息子ペーテルは、父親の信念についてこう語っている。

「(……)私は父を一般的な意味で無宗教な人だとは思っていない。科学で説明のつかない力が確かにあり、その力によって私たちは紺碧《こんぺき》の海、緑の大地、可憐な草花、雄大な山々、人類の仲間であるこの世界の無数の生き物、神秘の宇宙といった自然の美しさに感動し、喜びに満たされる。その力によって私たちは単なる生き物としての役割を越え、世界を観察して説明する思考力や、芸術家と科学者による驚くべき創造という人類独自の創案を加える思考力を生み出すことができる。その力によって私たちは感謝と感動をもって受け止めることができる。父はシュテフィ・ゲイエルにこう書いた。

「もしも私が胸の前で十字を切るとしたら、〝自然と芸術と学問の名において〟というでしょう」[**12**]。

ひとりの人間、ひとつの文化が、いかに複層的に成り立っているのか。バルトークは民謡採集と研究をとおして、それを科学的に実証した。だからこそ民謡をテーマにした創作も、その民謡の背景にある多くの文化的・社会的・歴史的要因をふまえたのである。ひとりひとりの顔や生きざままでもが見えるように。多様性を考えるとき、まず「自分を知る」「他者を知る」「お互いを尊重する」ということが大事だと、バルトークの作品は伝えてくれる。

この曲を聴いてみよう！ ――バルトーク

○ハンガリー民謡を題材にした曲

【ピアノ曲】《子供のために》BB53 第一巻（第三一番、第四〇番〈豚飼いの踊り〉など）

○スロヴァキア民謡を題材にした曲

【男声合唱曲】《五つのスロヴァキア民謡》BB77

【混成合唱曲】《四つのスロヴァキア民謡》BB78

○ルーマニア民謡を題材にした曲

【ピアノ曲】《ルーマニア民俗舞曲集》BB68

創造者に学ぶ

ストラヴィンスキー
多様性を組み合わせる

●多様性から生まれるイノベーション――リミックスの先駆けか

バルトークは音楽を地理的・文化的要因に根ざしたものとして研究した結果、多様性に向き合うことになったが、二〇～二一世紀になると多様性は自明となってくる。そのなかで、あえて社会的・文化的文脈をふまえず、異なる音楽的要素を自由に組み合わせることによって、新たな音楽を創造する手法も現れてきた。発想としては、現代のテクノ／ハウス・ミュージックなどでおこなわれるリミックスに近いが、音楽だけでなく、音声・画像・映像の断片をつなぎ合わせて編集・加工し、新たなアート作品として表現する風潮が広まっている。『インターネットの次にくるもの』を著したケヴィン・ケリー氏は、この題名が示すもののひとつとして「リミクシング（Remixing）」を挙げている。そのなかでアメリカの経済学者ブライアン・アーサーの言説を紹介しているが、それによれば「すべての新しいテクノロジーは、既存のテクノロジーの組み合わせから生まれる」という［13］。それはいまでこそリミックスは珍しくないが、一〇〇年前に壮大なリミックスをおこなった人がいる。それはバルトークと同時代に生きた、ロシア人作曲家イーゴリ・ストラヴィンスキー（一八八二〜一九七一）だ。彼にとって多様性とは、多彩なインスピレーションをもたらすものであり、組み合わせの妙を実現するための条件でもあった。

イーゴリ・ストラヴィンスキー

ストラヴィンスキーの作品でもっとも知られているのは、三〇代前半に作曲したロシア・バレエ三作《火の鳥》《ペトルーシュカ》《春の祭典》だろう。とくに《春の祭典》は原始主義といわれ、きわめて原始的なテーマとリズムをもつ音楽であり、いちど聴いたら忘れられないほどのインパクトをもつ。一九一三年、パリのシャンゼリゼ劇場での初演時、聴衆から拍手喝采と大ブーイングが同時に起きたことでも知られている。不協和音と変拍子が続く音楽と、身体をねじったり荒々しいステップを取り入れた振付（ニジンスキーによる）は、大地に眠るあらゆる生き物を呼び起こし、地上に誘い出すほどの生命力に満ちている。また生贄《いけにえ》の処女が選ばれる第二部は、生命の淘汰という生物社会の理不尽さを感じさせるほど、おそろしいほどの残酷さをもって表現される。この予測のつかない音楽の連続は、聴き手を一瞬たりとも息をつかせない。もっとも当のストラヴィンスキーはニジンスキーの振付に疑問を抱いていたが、いまではこの振付が代表的になっている。

●多様な素材のインプットから、ある日ふと着想

ストラヴィンスキーはどんな異種素材の組み合わせであろうと、まったく躊躇せずに組み合わせる大胆さをもち合わせていた。曲集というかたちで組み合わせるだけでなく、一曲のなかに融合・一体化させていたのである。たとえば四手のためのピアノ曲集《三つのやさしい小品》（〈マーチ〉〈ワル

ツ〉〈ポルカ〉〉、《五つのやさしい小品》〈〈バラライカ〉〈ナポリターナ〉〈ギャロップ〉など〉には、たとえばカフェハウスや街頭での音楽、スペイン風、ナポリ風の響きを模した音楽などが、一曲一曲に鮮やかに表現されている。これは作曲の前後におもむいた旅行で刺激を受けた音が素材として用いられているためだ。これらがひとつの曲集としてまとまっている。

また音楽・演劇・朗読をまじえた舞台作品《兵士の物語》では、アメリカ風のトロンボーンの旋律をともなった行進曲、ラグタイム、スペイン風のタンゴ、フランス風のワルツ、ドイツ・プロテスタント風のコラールなどがつぎつぎに現れるほか、ストラヴィンスキーが衝撃を受けたというジャズも使われている。とくに打楽器のパートには力を入れたようで、ストラヴィンスキー自身がローザンヌの店でそれらの楽器を購入し、自分でも叩けるように練習した。そしてこの作品によって「ロシア的なオーケストラの響きをもつ楽派からの最終的な訣別が示された」と述べている[14]。さらにこの作品ではステージの上に、歌い手、語り手、オーケストラが並ぶ配置になっている。どれも等しく欠かせない音楽的要素であり、三つが結合してひとつの世界観を創り上げていることを、舞台上で示したのであった[15]。

ストラヴィンスキーが書いた三大バレエのひとつ《ペトルーシュカ》にいたっては、そうした民俗的な要素は意図的に分解して素材とし、「魂が宿ったあやつり人形とその受難の運命」というテーマに焦点をあてて、再構成したようだ。さまざまな民俗的なメロディやハーモニーが断片的に聞こえるものの、ロシアの日常風景や風習を描写しているのではなく、それらを背景にしながら、運命にもてあそばれるあやつり人形を描いているのである。つまり民俗的要素は主題ではなく、素材となっている。ハンブルク大学音楽学教授ヴォルグガング・デームリング氏はこの曲について、「ロシア民謡の素材は変則的な音程の組み合わせに分解され、しつこいほどの繰り返しや様々な拍子──異なった拍子が同時に用いられることもある──のなかで、新たに組みたてられている。さまざまな調性あるいは旋法が同時に鳴り響く」と分析している［**16**］。

こうした手法は四〇代以降の新古典主義を追究した時期にも、テーマとなる素材を古代ギリシアやバロック音楽などから引用するようになったとはいえ、変わらずに続いていく。まったく異なるリズムや旋律の組み合わせ、不規則なリズムの使用、様式・形式の異なる音楽的モティーフの掛け合わせ、不連続性、あるいは執拗《しつよう》なまでの連続性……など、それは異なる素材や柄の布地をいくつも組み合わせ、思いがけないところに切り込みを入れて、一枚の洋服を創り上げるようなものだろうか。しかしながら、すべてがひとつの作品のなかに絶妙に融合しているのだ。人生においていくども作風を変えていった彼自身こそ、多様性を体現した人でもあった。同世代の盟友であった画家パブロ・ピカソのように。

ストラヴィンスキーにとって作曲とは、壮大な実験だったのかもしれない。そのために鋭い感覚と観察眼をもって、多くの音楽に触れ、学び、多様な音楽的体験を試みた。音楽以外の諸分野にも精通しており、いわゆる博覧強記であった。多様な経験や知識が頭のなかにインプットされ、それらが融合されていくうちに、ある瞬間ふと「何か」を発見するのだ。それはいままで考えもしなかった情景かもしれないし、音と音の組み合わせ、あるいはリズムと旋律の組み合わせかもしれない。彼にとってインスピレーションとは、「気づく」ということだった。たとえば、異教の大掛かりな祭事の光景や《春の祭典》、吊りひもを解かれたあやつり人形の姿（《ペトルーシュカ》）が、ある日ふと思い浮かび、頭から離れなくなったという。そして自分の感覚を頼りに、創作を進めていった。たとえば「《春の祭典》ではどのような種類のシステムにも従わなかった。（……）自分の耳だけが頼りであった。私はよく聴き、そしてまさに聞こえてきたものを書いたのである。私は容《い》れ物であり、そこを《春の祭典》が通り抜けていったのである」と述べている［**17**］。

自分の耳を信頼することは、どれだけ勇気の要ることか想像してみてほしい。前述したように、《春の祭典》は初演時には喝采とブーイングが同時に起こり、批評家の評価も割れた。しかし革命的作品としていまなお圧倒的な輝きと異彩を放っている。自分の感覚や霊感に導かれるまま恐れずに表現することは、創造者に欠かせない資質である。

ストラヴィンスキーは、霊感や気づきをかたちにすること、作品として昇華させること、それではじめて意味をなすと考えていた。「創造する能力はそれだけで私たちに与えられることはけっしてありません。それはつねに観察の才と対になって作動します。そしてほんとうの創造家は、つねに自分の周囲に、もっともありふれた、もっとも慎ましい事物のなかに注目に値する要素を見出すことで、そうと見分けられるのです。(……)発見はつねに彼の手の届くところにあります。彼には、それに一瞥《いちべつ》を投げかけるだけでじゅうぶんです。(……)もっとも些細な偶発時が彼を引き止め、彼の仕事を導いていきます」[**18**]。

素材に宿るエネルギーに魅せられて

ではなぜ臆することなく、異素材を組み合わせることができたのか? それはストラヴィンスキーの音楽の受けとめ方にヒントがある。彼はロシアの民衆詩をよく読んでいたが、なかでも魅了されたのは挿話や比喩よりも、「単語や音節の連なりや、そうした連なりが引き起こし、私たちの感受性に音楽とよく似た効果を生じさせる律動（カダンス）である」［19］と述べている。だから興味を起こさせるものであれば、言語の種類を問わなかった。ストラヴィンスキーは日本の古代詩人による抒情詩の小選集も読み、版画芸術の効果に酷似していると分析している。ロシア語の詩がアクセントしか認めないのに対し、版画が生み出す遠近法や立体感を目の当たりにし、音楽のなかに類似した何かを発見するよう駆り立てられたようだ。そしてその効果を活かすためにもっともふさわしいと思われるロシア語にテクストを翻訳してもらい、歌曲集《日本の三つの抒情詩》を作曲した［20］。それぞれ〈Akahito〉（山部赤人）、〈Mazatsumi〉（源当純）、〈Tsaraïuki〉（紀貫之）と、詠み手の名が冠されている。モーリス・ラヴェルにこの曲を演奏して聴かせたところ、ラヴェルもすぐに興味を示したそうだ。ラヴェルにはこの三曲目を献呈している。その原詩は、紀貫之「誰しかも　とめて祈りつる　春霞《はるがすみ》　立ち隠すらむ　山の桜を」（古今和歌集）である。

また、《ペトルーシュカ》同様、バレエ《結婚》はロシアの民謡を下地にしているが、農村の婚礼風景を復元しようとしたのではない。民謡の音素材を使い、新たな世界観を創造するのが彼の意図であった。「舞台化された一種の儀式を作り上げようとし、その際に、ロシアの田舎で何百年も一般に行われてきた風習から儀礼的な要素を引き出して用いようとしただけなのである」とストラヴィンスキーは述べている[21]。つまり素材を用いて、新しいコンテクストを創り上げたのである。

そのさい、音楽を特定の歴史・文化・社会的文脈と切り離し、ただ音楽を音楽として純粋に存在させることを意識していた。たとえば古代ギリシア神話を題材にしたオペラ《オイディプス王》はラテン語で歌われる。作曲家自身がラテン語に精通していたからではない。「至高なものについては、特別な言語、日々のそれではない言語が課されるべき（……）あらゆる文明の影響を受けなくなった素材が相手だ」[22]という理由で、あえてラテン語を選んだのだ。そしてナレーションは、上演先の国の言語を用いるよう指示されている。もしこれがドイツ語やイタリア語などの現存している言語で書かれていたならば、それらがもつ文化や社会的背景といったコンテクストが必然的に生まれる。それをわかっているからこそ、この曲においてはその縛りを外したのだろう。

この考え方はほかの作曲家を理解するときも同様で、敬愛していたベートーヴェンにかんしても、その思想で音楽を聴くのではなく、音楽として音楽を聴くことの重要性を訴えた。あくまで音楽を純粋にとらえることが、ストラヴィンスキーの信条であった。そのように考えたのは、とくに二〇世紀に入り、文化芸術が共産主義へ向かう国家政策の影響を免れなくなったことも一因かもしれない。

●すべての動機は愛

ストラヴィンスキーの表現意欲や動機は、どこにあったのだろうか。

ストラヴィンスキーは一八世紀イタリアの作曲家ペルゴレージの楽曲を愛しており、それを知っていたロシア・バレエ興行主セルゲイ・ディアギレフは楽譜を複数入手していた。彼はそれをストラヴィンスキーに渡し、バレエの制作をもちかけた。そして完成したのがペルゴレージなどの作品をアレンジした、バレエ《プルチネッラ》である。そこでストラヴィンスキーの創作動機に触れることができる。

「(……)単に敬愛するだけならば不毛である。それは、けっして創造的な要素に働きかけることはないからだ。何かを創作しようとするためには、ダイナミズムが必要だ。エンジンが必要なのである。そして、愛情以上にどんな力強いエンジンがあるだろうか」[**23**]。ストラヴィンスキーの多様性に満ちた芸術活動を貫いていたのは、「愛」だったのだ。

ストラヴィンスキーは感受性豊かな人であった。たとえばスペイン旅行のさいには、スペインの風景や史跡よりも、人々のカトリック教徒としての厚い信仰心に触れ、それが祖国ロシアの精神と本質的に近いと感動している。またディアギレフやニジンスキーをはじめ、作曲家、指揮者、演奏家、振付家、出版社、録音技師など、一緒に仕事をした同志に対しても、相手の人となりについて客観的かつ冷静にとらえながら、本質的な才能や資質に深く共感と理解を示し、彼なりに愛をもって仕事をしてきたことが伝わってくる。ちなみに作曲家としてはエリック・サティにもたいへん刺激を受けていた。ストラヴィンスキーは興味をもったものをとことん追究する性質であり、感性のおもむくままに生きた人という印象があるが、いっぽうで誰よりも、論理的、思索的、かつ哲学的な人であった。一九四二年にハーバード大学でおこなった講義記録をもとにした著書『音楽の詩学』にも、その一端が垣間見える。ぜひいちどお読みいただきたい。

この曲を聴いてみよう！　――ストラヴィンスキー

○バレエの概念を変えた作品

【バレエ】《春の祭典》

○日本の和歌を題材にした作品

【歌曲】《三つの日本の抒情詩》（〈Akahito〉〈Mazatsumi〉〈Tsaraïuki〉）

多様性を活かす大きなヴィジョン

バルトークは身近にある多様性を詳《つまび》らかにし、それらに等しく価値を見出した。ストラヴィンスキーは多様な資源を統合して、新しい世界を創った。どちらも、感性を最大限に広げ、鋭い知性で本質を見抜き、創造力を自由に駆使したのだ。

ＩＴテクノロジーが発達した二一世紀も引きつづき、リミックス手法を用いた作品はますます増えていくと予測されている。リミックスの技法や手段も簡略化・共有化され、プロアマ問わず増え続けるだろう。とくに若い世代は、多様かつ異種な素材を組み合わせること自体に、抵抗がなくなってきている。

他の領域でも、同じような現象は起きている。たとえば働き方にしても、多様な個の能力を横につないで、新しい物、場、価値観を生み出す、といった動きが日本でも広まりつつある。フリーランスだけでなく、企業に勤めながら副業をもち、自らの技能や知識を多元的に活用するパラレルワーカーも増えている。企業とNPOの協働なども、お互いの能力と資源を掛け合わせて課題に取り組む、リミックス的な手法ともいえるだろう。また少し飛躍するが、アメリカの医療現場では、近代医学とハーブ療法、生薬と抗生物質をあわせて服用するなど、一元的ではない治療例が増えているという。こうした風潮は「クール・フュージョン（カッコいい融合）」ともいうべき現象と、とらえられている［24］。

たいせつなのは、それがどのような動機や意図でなされていて、そしてどこに導こうとしているのか、ヴィジョンを見すえることである。多様だからこそ、お互いの資質をしっかり見きわめ、方向性を見失わないように。しかし、愛をもって融合すれば新しい文化が生まれるだろう、とストラヴィンスキーやバルトークの音楽は伝えてくれる。

◯共通ポイント

- 違いを個性として認めながら、そのなかにも共通点を見出す
- 人や文化には、さまざまな社会的・歴史的背景があることを知る
- 多様性は、イノベーションにつながることを知る

現代の教育にどう活かす？

フランスの聴音教材

子供のころから音楽で学ぶ多様性

音楽を聴くと、世界にはいかに多様な文化があるのかが直感的に感じ取れる。小さいころから多様な音楽に触れていれば、耳や感性が自然に開かれていくだろう。一例として、フランスの音楽基礎教育（フォルマシオン・ミュジカル）をご紹介したい。

フランスの音楽基礎教育は、音楽的実践に即しながら、幅広い基礎素養の習得をめざしている。その教材のひとつ、『ラ・ディクテ・オン・ミュジーク（La Dictée en Musique）』がフランス国内外で広まっている［**25**］。さまざまな音楽を聴きながら、リズム、メロディ、ハーモニー、楽器の響きなどを、

フランスの聴音教材

総合的に聴き取る能力を身につける教材である。この「ディクテ」とは、「ディクテーション」という聴きとった音声を文字に書きとる言語学習法があり、その手法を活かしているところから名付けられたものだ。譜例の一部がマスキングされており、そこに聴き取った音、リズム、和音記号などを書きこんでいく。この教材の最大の特徴は、なんといっても選曲の多様性である。中世の教会音楽から、バロック、古典、ロマン派、近現代、ジャズ、日本や中国の童謡、アフリカの民族音楽まで、たいへん幅広い。またクラシック音楽においては、ソロ曲、管弦楽曲、交響曲、協奏曲、歌曲など、ほぼすべてのジャンルを網羅している。楽しく学びながら、幅広く高度な聴音能力を身につけることができる。現在は七巻まで刊行されている（各巻数一〇曲ずつ収録）。

〈例〉第一巻「メロディ」聴き取り用曲目（譜例にリズムのみ提示されてあり、CDでじっさいの

音楽を聴きながら、音程を聴き取っていくエクササイズ）

・ヒルデガルト・フォン・ビンゲン（一〇九八～一一七九）《おお、青々とした小枝よ》
・フェリックス・メンデルスゾーン（一八〇九～一八四七）《巡礼者の格言》
・ヨハン・シュトラウス（一八二五～一八九九）《皇帝円舞曲》
・ベドルジハ・スメタナ（一八二四～一八八四）〈モルダウ〉（《わが祖国》より）
・リムスキー＝コルサコフ（一八四四～一九〇八）《ロシアの復活祭》
・クロード・ドビュッシー（一八六二～一九一八）〈沈める寺〉（《前奏曲集》第一巻、第一〇曲）
・エンリケ・グラナドス（一八六七～一九一六）〈ばらの踊り〉（《詩的な情景第一集》より）
・イヴ・ショリス（一九八〇～）《パルティータ》
・ギニア民謡《Kuku》

ほか

その著者であるふたりの作曲家、ブノワ・メヌ、ピエール・シェペロフ両氏に話をうかがった［26］。

――まず、CDによるじっさいの音楽で聴音を学ぶという点に共感しました。ディクテーションの方法はユニークかつ実践的で、なにより音楽性を高めることが重視されていますね。またさまざまな時代・様式の音楽を聴くことで、たいへん耳を刺激されます。まずはなぜこの教材を発案されたのか、経緯を教えてください。

ブノワ・メヌ　この教材はすべての時代・様式を網羅しています。古典やロマン派だけではなく、中世、現代曲、ジャズ、民謡、アフリカの民族音楽、日本、中国の伝統音楽などを取り入れています。それには、「子どもたちにさまざまな文化を理解してほしい」という理念があります。これはひとつの楽器の世界に閉じこめるメソードではなく、外に開くメソードなのです。

●本物の音楽を使って、聴き取りのトレーニング

――第一巻はどのような生徒を対象としているのでしょうか？　第一巻からポリフォニー（多声音楽）が出てきますが、小さい子どもでも聴き分けることができると思いますか？

ピエール・シェペロフ　フランスの音楽教育システムは六～七歳ごろから始まります。一巻はそれぞく

らいの子を対象にしています。一巻を始める前に、一カ月～数カ月の教育は必要かもしれませんが、基礎が少しでもあればじゅうぶん取り組めると思います。趣味で音楽を始めた大人の方や、音楽教育を受けたことのない方にも対応しています。ポリフォニーは最初はむずかしいかもしれませんが、早くから経験をすることがたいせつです。小さいころから始めていれば、じょじょに複数の声部を聴き分けることができると思います。

左からブノワ・メヌ氏、ピエール・シェペロフ氏

メヌ　中世から近代までのポリフォニーの音楽をたくさん聴いて、多声を聴き分ける感覚をつかんでほしいですね。やはりほんとうの音楽のなかで学んでほしいです。だからタイトルは"La Dictée en Musique"、つまり、Dictée "WITH Music" "IN Music"［「音楽を聴きながら」書きとる」なんですよ。

――とくに第一巻は歌曲や合唱曲の聴き取りが多いですね。日本と中国の童謡《うさぎ》が掲載されていますが、発音、リズム、抑揚、音楽表現に明らかな違いがありました。各国の音楽文化を比較することもできますね。

シェペロフ　これはたしかに新しい方法ですね。これまでのフランスの音楽教育は楽器演習が多く、歌曲は少なかったんです。将来的には、もっと合唱やオルガンを増やしていくことが必要だと考えています。声はいちばん重要な楽器ですから。

メヌ　歌はとても大事ですね。思考や身体でとらえた感覚は、声に反映されて出てきますから。それに英語やドイツ語、ロシア語の歌曲などは、外国語を勉強する一歩になりますし、感覚も養われます。CDで原語の歌を聴き、教材に掲載してある訳文で意味を理解してもらいます。各言語の音やリズムがつかめるようになるのと同時に、音楽のフレーズやニュアンスも感じ取ることができるようになるでしょう。原語の歌曲を多く入れたのは、音楽的な判断です。

シェペロフ　音楽に表現されている心情や詩情性を理解することも大事です。音やリズムをたんに聴き取るだけの教育は、一九世紀はよかったかもしれませんが、いまの子どもたちに合うような現代性もほしい。ハーモニーや楽器の響きを聴いたり、和音を覚えたり。この教材には、ここに書かれてあること以上に学べることが多くあります。

メヌ　ただ音色やリズムを学ぶだけでなく、それをもとに歌ったり、楽器を弾いたり、ほかの子と一緒に演奏をしたり。なによりまず「音楽ありき」です。インテリジェンスのある先生は、教材からいろいろなものを引き出せると思います。人間は感覚の発達によって成長します。感覚は人間そのものです。そして音楽をとおして学ぶことがなにより大事。自分の記憶をたどっても、教材でのエクササイズより、メンデルスゾーンやシューベルトの歌曲を覚えています。だからこそ、従来のテクニック的な要素に、新しいヴィジョンを組み合わせたい。質の高さと大衆性という二つの理念を追求しながら、ソルフェージュを真の「楽興のとき」にしたいと思っています。

現代の教育にどう活かす?

エリザベート王妃国際音楽コンクール
音楽の解釈にも多様性がある

世界には多様な音楽があるだけでなく、ひとつの音楽にも多様な解釈が存在する。世界三大国際音楽コンクールのひとつ、エリザベート王妃国際音楽コンクール(ベルギー)では、二曲の新曲課題曲が与えられる。一曲は事前に準備したうえでセミファイナルにて演奏、もう一曲はファイナリスト決定後に最終課題として与えられる。後者は約一週間という期間内に一〇分ほどのコンチェルトにいちから取り組み、演奏を仕上げるというハードな課題だ。参考音源のない状態から創りあげる演奏だからこそ、演奏者本人のパーソナリティ、見識、音楽性などが浮き彫りになる。今回は二〇〇九年度のセミファイナル用新曲課題曲を作曲したクロード・ルドゥ氏に、解釈の多様さについて語っていただいた［**28**］。

クロード・ルドゥ氏

——二〇〇九年エリザベート王妃国際音楽コンクールのヴァイオリン部門で、セミファイナル課題曲を委嘱され、《V...》(violin & piano) を作曲されましたね。優勝したレイ・チェン氏は台湾で生まれ、オーストラリアに住み、現在アメリカ在住というコスモポリタンな方ですが、演奏をどう思われましたか？

じつはコンクールが始まる前、彼から真っ先に質問を受けました。「あなたの作品を深く理解して弾きたいのですが、じつはどこかアジア風の印象を受けました。私自身が台湾で得た音楽体験や精神性を演奏に反映させてもいいでしょうか?」というものでした。私はアジアを旅行したことがありますので、「たしかにアジアの要素が入っていますよ。どうぞあなたの感覚で弾いてください」と答えました。彼の演奏からは、アジアの香りや独特の音の広がりを感じることができました。

――とくにグリッサンドに表れているように思います。

ええ、能の音楽のようでもありますね。フレーズが始まる前に音がうわーんと立ち現れる感じがします。あるいは旋律のあいだから音が出てくる感じ、これはアジア特有ですね。驚いたことに、アジア出身の参加者はほぼ全員それを感じていたようです。逆に欧米の参加者は、旋律をつなげていく音楽作りでした。どちらも美しいですね。個人的にはラトヴィア出身のファイナリスト、ヴィネタ・サレイカさんが、楽譜にいちばん近い解釈をしていたと思います。音楽の流れを重視し、全体の構造をじょうずにデザインしていました。

――異なる解釈を、どのように受けとめていらっしゃいますか？

私の曲が、さまざまな視点や考え方をもたらすことができたのをうれしく思います。作曲者としては、音楽にさまざまな意味をもたせることで、演奏者がそれぞれの音楽的体験・人間的経験知をふまえて、独自の道筋や表現を見出してほしいと思っています。だから、チェンさんとサレイカさんの演奏に大きな違いがあるのです。チェンさんの演奏は、音が生まれてそれが多彩に変容していく、そのいっぽうで（楽曲の）ヴァリエーションの変化にともなって旋律が発展していく——その論法がとても興味深く感じられました。彼は自分が体験したアジア文化をふまえ、霊的世界と人間的感覚でとらえた現実的意識のあいだを、微妙に揺れ動くような解釈を聴かせてくれました。いっぽうサレイカさんの演奏は、西洋的思考から生まれた伝統的なリリシズムに深く根を下ろしていました。曲の冒頭から美とエネルギーがほとばしり、最後までその力強い推進力が途切れることはありませんでした。曲のすみずみにまで繊細な感情が織りこまれ、その多彩な感情表現がダイナミックな演奏につながっていました。

レイ・チェン氏は同コンクールにて優勝、
現在世界的に活躍中

ふたりともこの曲へのアプローチは異なりますが、どちらの演奏にもすばらしく魅了されました。自分の音楽がどこまで多様な解釈が可能なのか。多様性とはこの世界の豊かさの象徴でもあり、いち音楽家としてそれにどう向き合うかを考える機会になりましたね。

現代の教育にどう活かす？

英国の創造力ワークショップ

自分×他者の創造力をかけ合わせる

多様性が存在することで、思いがけない新しいものが生み出される。たとえば自分のアイディアを、隣の人とわかち合う。あるいは相手のアイディアに、自分のアイディアを加えていく。そうしながらどんどんアイディアがふくらみ、変容していく。ひとりひとりが異なる考え方をもっているからこそ、生まれるダイナミズムである。英国発のワークショップをご紹介しよう。

英国人作曲家による音楽ワークショップ・リーダー育成トレーニングが、二〇一五年の春に東京にて開催され、プロの音楽家、オーケストラ奏者、音楽教育者など約一五名が参加した（ブリティッシユ・カウンシル主催）。参加者は各自楽器を持参し、グループワークを重ねながら、最終的に全員で一曲を創り上げるというワークショップである。

たとえば、リズムやメロディをアレンジしながら、隣の人へ受け渡していくエクササイズを紹介しよう。全員が輪になった状態で、まずひとりがメロディやリズムのパターンを提示し、隣の人はそれと共鳴させたり、同化させたり、対比させたり、補完したり、性格を変えたり、拍子や長さを変えたりしながら、音の素材をつぎつぎと発展させていく。途中、静寂の瞬間（タンバリンで作る波のような音）があったり、ビートがなくなったり、ピッツィカートが入ったりと、多様なアレンジがつぎつぎに生まれていった。隣の人は前の人が弾いたメロディやリズム・パターンをしっかり聴きとり、そのパターンを自分がどう変化・発展させられるのかをそくざに考えて、自分の楽器で実践しなければならない。いわば、他者とおこなう即興だ。エクササイズはいっけん簡単そうに見えるが、どれも頭をクリエイティヴに使うものである。

またいくつかのグループに分かれた状態で、リーダー役が中央で指揮を執り、グループごとに音を出し入れしたり、強弱やリズムを追加したり、ソロを挿入したりというエクササイズもある。さらにグループごとにリズム・パターンとメロディ・パターンを創作し、最後はそれらを融合させながら全員で合奏する。音の素材が組み合わさり、作品としてまとまっていくプロセスは見事だった。まさに音楽をクリエイティヴに活かし、楽しむことを体感できるプログラムである。

ワークショップ主催者のフレイザー・トレイナー氏はこう言う。「どんな国や文化で育った子どもでも、どんな音楽の趣味をもった子どもでも、創造力や想像力を引き出すことができると思います。そのためのフレームワークやプロセスを、ワークショップ・リーダーが提示することが必要です。今回のように、さまざまな楽器の方が参加されるのがいいですね。お互いにもっているものを共有したり、学びあうなど、コラボレーションする姿勢が大事です」。

英国ではプロの音楽家に対してや、音楽大学・大学、そして小学校などでもワークショップをおこなっており、参加者は、ほかの科目の成績もよいという。自分で考えたり、相手の音やアイディアに耳を傾けて能動的に応じることで、クリエイティヴィティが引き出されているのだろう。英国では一音からでも参加できるワークショップが高齢者対象にもおこなわれており、それによって抗精神薬が軽減されたり、認知症予防になったり、孤立していた高齢者がコミュニティに戻ってくるなど、実質的な成果が出ていることが報告されている。音楽療法という範疇を超えて、音楽による潜在能力の開花・再活性化ともいうべきアクティヴな考え方である［**28**］。

現代の教育にどう活かす?

フランスの研究大学

多分野を組み合わせた学際的研究

国家予算において、文化費の占める割合が高いことで知られるフランス。近年、異分野を連携させることによって新しい才能を生み出し、イノベーションと創造力の活性化をめざす動きがある。従来は「芸術の理論的研究＝大学＝高等教育・研究省管轄」と「芸術の実践＝専門学校＝文化・コミュニケーション省」に分離していたが、両者が歩み寄り、より学際的な芸術教育・研究をおこなっているようだ。

先行事例としてパリ国立高等音楽院（コンセルヴァトワール）とソルボンヌ大学の連携、フランス国立音響音楽研究所（ＩＲＣＡＭ）とパリ第六大学との連携などがある。そしてこの動きを象徴するのが、二〇一一年にパリ国立高等音楽院をふくむ一三の高等教育機関が共同設立した研究大学、ＰＳＬ（Paris Sciences et Lettre。パリ科学・人文社会研究大学。管轄は高等教育・研究省）である。

そのなかに、学際的に芸術を研究する博士課程ＳＡＣＲｅ（Science Art Création Récherche。科学芸術創造研究）がある。対象となるのは音楽家、映画監督、芸術監督、俳優、デザイナー、ヴィジュアル・アーティスト、人文学、社会科学、科学などの研究者など。芸術の理論・実践両面を重視しつつ、分野をまたぎながら、新しい枠組みで研究をおこなうものである。その成果はこれから出てくるだろう。

では、この研究大学はどのような文脈で生まれたのか？　フランスでは二〇一〇年より、「将来への投資」プログラムとして、科学技術分野から教育分野にいたるまで、国全体のイノベーションを喚起させるための投資がおこなわれている。その一環として高等教育システム再編・研究分野の活性化をめざした「エクセレンス・イニシアティヴ」が据えられ、六三・五億ユーロが投資された。現在までＰＳＬを含む八つのプロジェクトが採択され、それぞれに七〜八億ユーロが投資されている。なお「将来への投資」プログラムには、学生の起業家促進計画も含まれており、若年世代の能力開発をうながし、社会へ活かすことが期待されている。ＧＤＰに対する総研究費の割合は二・二六パーセントで、

EU平均を上回る［**29**］。

こうした一連の動きには、人間の能力をより多面的・包括的に高めて、社会を活性化させようという期待がうかがえる。フランスにおける芸術の学術的研究・実践は人文学（ヒューマニティーズ）をふまえたもの、との見方がある［**30**］。人の営みとしての芸術に投資する、そんな思いが見えてくる［**31**］。

参考文献・引用元

1 伊東信宏『バルトークの民俗音楽編曲』(大阪大学出版会、2012、p.17)

2 パップ晶子『バルトークの民俗音楽の世界——子供のためのピアノ作品を題材に』(音楽之友社、2015)、p.24–26

3 パップ前掲書、p.36–37

4 伊東前掲書、p.104–105

5 パップ前掲書、p.15、p.29–30

6 ベーラ・バルトーク『バルトーク音楽論集』(岩城肇編訳、御茶の水書房、1992)、p.163、p.173、p.212–213、伊東前掲書、p.55、p.69

7 バルトーク前掲書、p.297

8 バルトーク前掲書、p.168

9 バルトーク前掲書、p.18

10 バルトーク前掲書、p.18

11 伊東前掲書、p.68

12 ペーテル・バルトーク『父・バルトーク——息子による大作曲家の思い出』(村上泰裕訳、スタイルノート)、2013、p.299

13 ケヴィン・ケリー『〈インターネット〉の次に来るもの——未来を決める12の法則』(服部桂訳、NHK出版、2016)、p.256

14 ヴォルフガング・デームリング『大作曲家ストラヴィンスキー』(長木誠司訳、音楽之友社、2001)、p.97

15 イーゴリ・ストラヴィンスキー『私の人生の年代記——ストラヴィンスキー自伝』(笠羽映子訳、未来社、2013)、p.88

16 デームリング前掲書、p.48

17 デームリング前掲書、p.56

18 イーゴリ・ストラヴィンスキー『音楽の詩学』(笠羽映子訳、未来社、2012)、p.52

19 ストラヴィンスキー『私の人生の年代記』、p.65

20 ストラヴィンスキー『私の人生の年代記』、p.56–57

21 デームリング前掲書、p.98

22 ストラヴィンスキー『私の人生の年代記』、p.145

23 デームリング前掲書、p.124–125

24 ダニエル・ピンク『フリーエージェント社会の到来——組織に雇われない新しい働き方』(池村千秋訳、ダイヤモンド社、2014)、p.231–232

25 Pierre Chépélov, Benoît Menut, *La Dictée en Musique*, Edition Lemoine, 2007

26 菅野恵理子「生きた音楽で学ぶ、新しいソルフェージュ」、『子どもの可能性を広げるアート教育・フランス編』(PTNA〔ピティナ、全日本ピアノ指導者協会〕、2009、ウェブ記事)、第12回より一部転載

27 菅野恵理子「音楽知識と感覚を結びつけるアナリーゼとは」、前掲ウェブ記事、第18・19回より転載

28 菅野恵理子「社会で音楽を生かす新しいコンテクスト(2)創造力を高める」、『今こそ音楽を!』(PTNA〔ピティナ〕、2015–16、ウェブ記事)、第6章 ライフスタイル&ボディ編より転載

29 『カントリーレポート——フランス』(ストラスブール研究連絡センター、2015)、p.20

30 Efva Lilja "ART, RESEARCH, EMPOWERMENT–On the Artist as Researcher" (Ministry of Education and Research Sweden, 2015), p.43

31 菅野恵理子「世界の文化費・教育費のトレンドは?」、前掲ウェブ記事、第4章経済編より転載

第2章
ソーシャルなマインドをもつ人

互恵社会のなかでつながり、ともに創造する

どうすれば社会を少しでもよくすることができるのか？　近年、社会性の高いテーマに取り組むＮＰＯや企業が増えている。社会のあるべき姿を考えるとき、二つの視点が必要になる。地球規模で考えるためのマクロな視点と、それをひとりひとりの目線に落としこみ、個々の課題解決に向けて動くためのミクロな視点だ。マクロな視点は「地球のほんらいの姿はどうあるべきか」「社会はどうなるともっと住みやすいのか」、対してミクロな視点は「個人のライフスタイルはどう変わるのか」「個人の心はどう幸せになるのか」など。そして、ミクロとマクロ的視点のあいだにはさまざまなレイヤーがあり、その両極を結ぶ方法を見出していくのである。

これを個人に置きかえて考えてみよう。たとえば「私」という個人の外側には、家族、友人、

学校、会社、業界、地域、国、世界、地球、宇宙……といった環境的なレイヤーが広がっている。また「私」という個人の内側には、思想、信念、想念、世界観……といった感性や思考のレイヤーが広がっている。自らの内外に新しいレイヤーを見出すたびに、見える世界が広がっていく。

見える世界が拡大深化するのにともなって、自分の能力や才能もより発揮されていく。「何のために、誰のために」自分が動くべきなのかが見えたとき、その人にとっての使命がはっきりと認識される。「何のために」という目的意識が明確化されていくと、志を同じくする者同士がネットワーク化していく。つまり業界や組織、または国や地域といった境界線が薄れ、より目的意識で人がつながるようになっていく。そしてネットワーク全体で、その価値を押し上げていくのである。ネットワークはいつしかコミュニティとなる。縦割りから、横のつながりへ。その未来のヴィジョンを見せてくれる人が、リーダーシップをとるようになるだろう。

これからの世界がどうなっていくのか、さまざまな未来予測がある。そのなかで、四〇年後の社会を見すえた書、ヨルゲン・ランダース『２０５２――今後40年のグローバル予測』（二〇一二年）では、これからの新たな制度やシステムは、かつてない広い視野に立脚したものになるだろうと述べている。「満足できる決定や結果は、人間だけでなく、世界のすべてを視野に入れたものであるべきだという理念のもとに、それらは築かれている。（……）地域的な違いは大きいが、人間という集団のとらえ方がより広く包括的なものに変わってきたということだ。二〇五二年には、多くの影響力のある人々が、全体の幸福は個人の幸福と等しく重視されるべきだと考えるようになるだろう」［**1**］。

企業のあり方もCSR2・0時代（CSRとは企業の社会的責任）に入り、持続可能性や環境保全に責任をもち、すべてのプロセスにおいてこのような倫理観や公明正大さが求められる。そしてCSRの取り組みの中心は、部門を超えたクロスセクター・パートナーシップになり、資金ではなく、能力や技術をパートナーシップに提供するだろうと予測されている［**2**］。

個から全体へ、全体から個へ。資源を相互に交換しながら、ダイナミックにエネルギーを循環させ、個と全体をよりよい状態へと導いていく。そんな新しいリーダーシップが求められる。全体のために個が著しくないがしろにされたり、一部の個が特権的に全体を支配するのではない。だからこそ、お互いの資源を知り（多様性）、それをどのように組み合わせればよりよい価値が生まれるのか（ソーシャルなマインド）。未来社会の設計という大きなシナリオを描くことが、次世代に必要とされる力である。

創造者に学ぶ

フランツ・リスト
自分・相手・社会をつなぐ

●芸術を最大価値化するために——自分と他人の才能に気づく天才

幼いころから自分の才能と資質に加え、社会的使命にも気づいていたのは、ハンガリー出身のフランツ・リスト（一八一一～一八八六）である。ピアノとピアニストの可能性を最大限に開花させ、強い意志とリーダーシップをもって音楽界を牽引《けんいん》した人だ。彼自身の「個」としての音楽的才能は作曲と演奏活動でもおおいに発揮されたが、それだけでなく、彼は慈善精神をもち合わせていた。それは他人の才能を発見し、認め、世間に広めるということであった。人にはさまざまな才能があるということを、よくわきまえていた人なのである。たしかにリストといえば、超絶技巧の曲や華麗なステージパフォーマンスで知られる。しかしおのれの立身出世や自己顕示欲だけではなく、おのれを超えた存在への真の理解があり、その視点からこの世界全体を見ていたことがわかる。おのれを超えた存在——それは「芸術」であった。古代から延々と続く芸術の営み、それを自分の手で大きくまわし、さらに拡大させ、未来へ継承していく。その運命の大車輪でありたいと、彼は思っていたのだろう。

フランツ・リスト

リストのピアノ作品には《超絶技巧練習曲集》S．139、《パガニーニ大練習曲集》S．141といった華麗な超絶技巧を要する曲、《巡礼の年》〈第一年「スイス」〉〈第二年「イタリア」〉〈ヴェネツィアとナポリ〔第二年補遺〕〉〈第三年〉S．160〜163）など旅情・文学から霊感を得た思索や描写的な作品、《ハンガリー狂詩曲》S．244、《スペイン狂詩曲》S．254などの民俗色を反映した作品、約三〇分におよぶ単一楽章のピアノ・ソナタ ロ短調S.178、《詩的で宗教的な調べ》S.173、《二つの伝説》S.175などの宗教色の濃い作品など、じつに巧みで多彩な表現を試みている。また晩年には《無調のバガテル》S.216aなど、無調音楽を先取りした表現が見られる。これだけでも名曲ぞろいだ。

しかしリストの功績はそれだけではない。リストには、他人の特徴と才能を見抜く天分も備わっていた。ほかの作曲家のオペラ・歌曲・交響曲などからテーマを拝借した編曲やパラフレーズも多く、《「ドン・ジョヴァンニ」追想》S.418（モーツァルトより）、《リゴレット：演奏会用パラフレーズ》S.434（ヴェルディより）、《イゾルデの愛の死》S.447（ワーグナーより）、《白鳥の歌》S.560、《冬の旅》S.561（シューベルトより）、《献呈》S.566（シューマンより）などがある。少年リストの演奏会でその才能を称えたベートーヴェンの有名な〈トルコ行進曲〉をパラフレーズした《トルコ風カプリッチョ（ベートーヴェンの「アテネの廃墟」の主題による）》S.388もある。またワーグナーやベルリオーズ、グリーグなどの作品初演はよく知られ、シューベルトにいたっては五六もの歌曲を編曲し、その作品の普及に貢献した。シューマン夫妻やショパンとは親しい交友関係にあり、晩年にショパンの伝記も書いている。また才能ある人を心から称賛した。ノルウェーの作曲家グリーグは、自作のピアノ協奏曲の楽譜を見せ、リストが初見で完璧に演奏したことに驚いた。それだけでなく、リストの言葉に、彼は激しく感動している。

「(……)「あなたの道を行きなさい。あなたにはその能力があります。恐れるものはありません」という一言は、悩めるグリーグに計り知れない力を与えた。彼は、両親への手紙に、こう書いている。

「この言葉は、わたしにとって永遠の意味をもちます。天命と呼びたいものです。今後、失望し苦しむたびに彼の言葉を思うでしょう。あのときの思い出が不思議な力となり、逆境の日々にあってもわたしを支えてくれるでしょう」

さらに無名だったグリーグのために、ノルウェー国王に宛てて助成金授与の推薦状を書いたのもリストだった[3]。

ワーグナーとの関係は、とりわけ運命的であった。リストの二年あとに生まれたワーグナーは、まだ支持者が少なかった若いころ、リストに自分のスコア譜を送り、「私を助けてください!」と何度も手紙を書いている。そんなワーグナーの天賦の才能を早くから見抜いていたリストは、物心両面から惜しみない援助を約束し、一八五〇年には彼が楽長を務めていたワイマールにおいて、オペラ《ローエングリン》初演にも力を貸す。この作品は当時の批評家から激しい批判を浴びたが、リストによる論文やチャイコフスキーの評論、詩人シャルル・ボードレールの著述によってしだいに評価を得ていく。またオペラ《タンホイザー》《トリスタンとイゾルデ》などのピアノ編曲や、《リヒャルト・ワーグナーの墓に》など、ワーグナー自身をテーマにした作品も書いた。

しばらくのち、ワーグナーはリストの娘コジマと不倫の末に結婚し（元夫はリストの生徒でもあったハンス・フォン・ビューロー）、リストの逆鱗《げきりん》に触れることになった。しかしふたりの天才が互いを認めていることに変わりはなく、やがて和解の時が訪れる。一八七六年、バイロイト祝祭歌劇場の柿《こけら》落とし公演にワーグナーはリストを招き、バイエルン国王ルートヴィヒ二世やチャイコフスキーなどの前で、彼への積年の礼を述べた。

「ワーグナーは臨席していたリストを名指しして「この人物がいなければ、もしかしたら今日私の音楽は、一音たりとも聞かれることはなかったかもしれません」という感動的なスピーチを行なった」

［4］

このとき、リストの胸に去来したものは何だったか。奇しくもその数年後の同音楽祭期間中にリストは亡くなる。死の前日、コジマはつきっきりで父リストを看病したそうだ。明るい陽射しが入る部屋で、リストはやや疎遠だった親子の絆《きずな》を取り戻すとともに、そのときすでに亡くなっていたワーグナーを偲《しの》びながらバイロイト音楽祭の行く末を案じていたのだろうか。リスト亡きあとはコジマが生涯にわたり、バイロイト祝祭劇場でのワーグナー作品上演に尽力することになる。

あるときリストは人生後半のパートナーであったヴィトゲンシュタイン公爵夫人に、「なぜそんなに他人の車ばかり押しているのか？ まるで自分の作がないようではないか」と質問された。それに対してリストは、こう答えたという。

「私は芸術の車を押しているのです。すべて偉大で美しいものは神の賜物で、それに奉仕するのは私の義務なんだよ。その作者が私であろうと誰であろうと、そんなことはまったく問題ではない」［5］

●後進の育成、その影響はロシアやフランスまで

リストが押した「芸術の車」は、作曲家や作品だけではなかった。自らの公演ツアーの収益の多くを芸術事業や学生、孤児、学校、教会などに寄付した。ケルン大聖堂の建立にも寄付しているそうだ。一八三八年には故郷ドナウ河が氾濫《はんらん》したさい、慈善演奏会を開いて被災者のために寄付した。また一

八四一年の冬から翌春にかけてベルリンにてリストが出演した二一回の演奏会のうち、約半分がチャリティ・コンサートであり、その収益は慈善や教育目的として寄付された。さらにボンでのベートーヴェン記念碑の除幕式では、演奏会場の建設費用を全額負担したという［**6**］。華麗なステージ・パフォーマンスの裏で、このような慈善事業をおこなっていたことはあまり知られていないだろう。

また教育面でもリストがもたらした影響は大きい。現在も隆盛を誇るロシアの高度なピアノ教育が始まったのは、間接的にではあるがリストに由来している。ロシアにピアノが紹介されたのは一九世紀初頭で、富裕層の家庭ではピアノを習う環境はあったものの、専門高等教育が始まったのは一九世紀後半である。ロシア初の音楽院であるペテルブルク音楽院は一八六二年に、モスクワ音楽院は一八六六年に創設された。ペテルブルク音楽院長アントン・ルビンシテインはベルリンでも学んだピアニスト・作曲家・指揮者であるが、幼少期からリストを尊敬しており、パリで本人と面会を果たしたほか、そのステージ演出を研究したり、自身の作品（交響曲第二番・全七楽章）を献呈している。アントンは当時オペラ中心であったロシア音楽界に、交響曲や室内楽曲をもちこんだ。当時の器楽演奏家はドイツ人が中心であったため、「ロシア語で和声の授業がはじめておこなわれた」ことに感激していたことからも、自国での芸術家育成に対する強い意志がうかがえる。そして第一期生からチャイコフスキーが出現したことによって、その願いは早くもかない、一九世紀末にはロシア各地に音楽学校が設立されるにいたった。当初音楽院創設は「ロシア音楽の伝統を壊す」としてロシア五人組（ムソルグスキー、バラキレフ、ボロディン、リムスキー゠コルサコフ、キュイ）や批評家スターソフから批判されたが、汎用性のある音楽教育の継承という点で、コスモポリタンであったアントンは適任だったのだろう［**7**］。そしてアントンが育てたいと願った音楽家像は、演奏と作曲をともに兼ね備えたリストや彼自身を投影していたようだ。ペテルブルク音楽院第一期生であったチャイコフスキーはのちにモスクワ音楽院でタネーエフを教え、そこからスクリャービン、ラフマニノフ、メトネル、プロコフィエフなどが育っていく。いずれも作曲家兼ピアニストであり、プロコフィエフのように、在学中から才能をおおいに発揮した人もいた。この傾向はソ連時代をへて、現代も続いている。

リストはロシアにピアノ専門教育のきっかけを作っただけでなく、ロシア作品を各国へ広めた。いち早くその独創性を見抜いていたからである。一八七〇年代にフランス人作曲家がはじめてロシア作品に触れたのは、リストの演奏と紹介を通じてであった。その後、フランスではロシア音楽が空前のブームとなる。リスト自身は、一八七五年に故郷ブダペストに音楽院を創設した（現リスト・フェレンツ音楽大学）。教授陣はリストから始まり、以後弟子から弟子へと受け継がれている。そしてここから、バルトーク、エルネー・ドホナーニ、ジェルジュ・クルターグ、ジェルジュ・リゲティ、リリー・クラウス、ジェルジュ・シフラ、アンドラーシュ・シフ、ゾルターン・コチシュ、デジェ・ラーンキなど、歴史に名を残す名ピアニストや音楽家が生まれている。

●近代への足掛かりを作った先駆者として

リストはなにより「ピアノ」という楽器、奏法、演奏効果、ステージ演出、作曲技法などのすべてにおいて、その可能性を最大限に追求した。その魅力を効果的に伝えるため、いささかやりすぎなくらいの誇張した表現や身振りも辞さなかった。リストにとって、当時最新のピアノは鍵盤楽器というかたちを取ったオーケストラさながらであり、そこからピアニストとしてのあらゆる技術をもって最大限の音響効果を引き出そうとしたのだ。リスト博物館には一八七〇年代当時のピアノが展示されている（ワーグナー博物館から貸し出されたイバッハのピアノ）。すでに現代のピアノに近い音域をもち、そのがっしりしたボディは、どんな強弱にも耐えうる強靭な鍵盤楽器であることがわかる。じっさいリストの曲はデュナーミク（強弱）の幅が極端に広く、起伏が激しい。楽譜のいたるところに、*fff*

（フォルティッシッシモ）、rinforzando（リンフォルツァンド：その音または和音を急に強くする）、appassionato（アパッシオナート：熱情的に、激しく）、あるいは *ppp*（ピアニッシッシモ）、leggierissimo（レッジエリッシモ：きわめて軽やかに）といった強弱記号や指示記号があるほか、quasi oboe（クアジ・オーボエ：オーボエのように）、quasi pizzicato（クアジ・ピッツィカート：弦楽器のピッツィカートのように）と他楽器の音質や奏法を要求したり、quasi recitativo（クアジ・レチタティーヴォ：オペラの叙唱のように）、cantando（カンタンド：歌うように）と歌唱的な表現を求めることも多い。そして彼自身、その演奏効果を最大限に高めるため、ステージでは大仰ともいえるほどのパフォーマンスをおこない、それがカリカチュアにも残っている。アントン・ルビンシテインが憧れ、真似しようとしたそのパフォーマンスだ。

リストの後期作品は〈エステ荘の噴水〉（《巡礼の年〈第三年〉》第四曲）など明るい色彩感が感じられる作品もあるが、晩年には陰鬱な曲想も増える。それらは深い内面性と神秘性に満ちており、長い人生を振り返っての内省や回顧というより、むしろ新しい時代の希求に感じられる。

現代最高峰ピアニストのひとりと称されるアルフレート・ブレンデルは、その著書で、リストはピアノ・ソナタ以外では構築力の欠如を指摘されることも多いが、その開かれた形式、すなわちその偶発性や断片性にこそ特徴がある、と主張する［**8**］。形式に縛られないからこそ到達できる新たな領域、それを象徴するのが晩年期に作られた無調に近い音楽である（《悲しみのゴンドラ》S.200、《灰色の雲》S.199、《無調のバガテル》など）。どこに向かうかわからない、偶発的に生まれたような響きやハーモニーは、ドビュッシーの出現も予感させ、無調音楽の到来を予告していた。

リストの最晩年、その周囲には才能ある弟子たちや、若いころから目をかけてきたワーグナーの残したバイロイト音楽祭、娘コジマ、その子どもたちなど、多くの若い芽が育っていた。そして死を迎えた一八八六年は、二〇世紀の演奏界に台頭する指揮者フルトヴェングラーやピアニストのエドウィン・フィッシャーらが生まれた年である。次の時代は、もうそこまで来ていた。まさに次世代にあたる同郷のベーラ・バルトークは、この先輩をこう讃えている。

「（……）ワーグナーの作品には、リストの作品と比べていっそう大きな形式の完璧さや、表現度のいっそうの豊かさ、さらには、様式上のいっそう大きな統一性が見られます。それにもかかわらずリストの作品のほうが、あとに続く世代にとってはるかに創造性に富んだ影響を与えました。（……）リストは、音楽創造上の新たな可能性というものを、最後まで使いつくしてしまうことなく、自身の作品のなかで提起しています。ですから、私たちはリストから比較できないほどに大きな鼓舞力を汲み

取ることができたのです」［9］

この曲を聴いてみよう！　――リスト

○　異国情緒の再現・超絶技巧を追究した曲

【ピアノ曲】《ハンガリー狂詩曲》S.244、《スペイン狂詩曲》S.254

○　宗教的主題を題材にした曲

【ピアノ曲】《二つの伝説》S.175（〈波の上を渡るパオラの聖フランチェスコ〉など）

○　他作曲家の編曲やパラフレーズ

【ピアノ曲】《「ドン・ジョヴァンニ」追想》S.418

創造者に学ぶ

メンデルスゾーン
過去・現在・未来をつなぐ

●リベラル・アーツ教育の体現者が、眠れる文化遺産を復興

「いま」はどんな歴史の積み重ねでできているのだろうか。歴史を振り返り、埋もれてしまった価値を発掘・再評価することで、現状の認識が変わり、未来をより豊かにしていくことができる。たとえばヨハン・セバスティアン・バッハは、死後は長らく忘れられ、真の価値が広く認められたのは没後一〇〇年ほど経ってからであった。このバッハ復興によって、音楽史がたどった道は明らかに変わっ

ただろう。

どれが価値ある作品なのか、何が文化遺産として残されるべきなのか？　その価値を識別するには、やはり優れた才能が必要である。それに一役買ったのが、一九世紀ロマン派最盛期に活躍したドイツ出身の作曲家、フェリックス・メンデルスゾーン＝バルトルディ（一八〇九〜一八四七）だ。彼は二〇歳にして、バッハ再興の道を開いた。先祖から受け継いだ音楽的才能と文化遺産を、余すことなく活かしたのである。

フェリックス・メンデルスゾーン

メンデルスゾーンは幼少のころから音楽的才能を発揮し、初見であらゆるものが弾け、作品の特徴や技法をすばやく的確につかんだという。一〇歳のころより音楽教師カール・フリードリヒ・ツェルターに習い、一二歳の夏には彼に連れられて文豪ゲーテ邸に滞在し、バッハのフーガや即興などを何時間も弾き、「途方もないことだ」とゲーテを驚かせている。一四歳のころにはベートーヴエン作品に霊感を得たとされる曲（ピアノ四重奏曲第一番ｏｐ．１）が出版され、一五歳の家族旅行でおもむいたパリではロッシーニ、ケルビーニ、フンメルなどの音楽家に会い、一七歳のころには新しく刊行されたシェイクスピア翻訳本を読み、『ファウスト』の詩句数行にもとづいて弦楽八重奏曲ｏｐ．20を書いた。のちにこの第三楽章スケルツォが《真夏の夜の夢「序曲」》ｏｐ．21着想のきっかけとなる［**10**］。

なかでも、Ｊ・Ｓ・バッハの作品との出会いは運命的であった。というより、メンデルスゾーン一家には宿命ともいうべきバッハとの縁があった。大叔母のサラ・レヴィ（祖母ベラの妹）は優れた音楽家であり、バッハの長男ヴィルヘルム・フリーデマン・バッハにチェンバロを習い、またバッハの次男カール・フィリップ・エマヌエル・バッハに曲を委嘱し、その自筆譜をもっていた人である。バッハ研究者が創設したベルリン・ジングアカデミーにも参加していたが、その二代目音楽監督が師ツェルターであった。彼はバッハの自筆譜がもっとも豊富にそろっているベルリン国立図書館とかかわりが深く、また《マタイ受難曲》の初演を試みたことがあるほどバッハに傾倒していた。フェリックスの父アブラハムもまた、オークションでバッハの自筆譜を多数入手していた。つまりメンデルスゾーン一家は、代々バッハの作品を文化遺産として受け継いでいたのだ［**11**］。

そして、メンデルスゾーンが一四歳のときのこと。ツェルターが所有していたバッハ《マタイ受難曲》の手書き写譜を、クリスマス・プレゼントとして祖母から贈られた。その楽譜の難解さにもかかわらず、フェリックスは「いつかこの曲を演奏したい！」と思いをめぐらせていたようだ。そして研究を重ね、二〇歳の春（一八二九年三月一一日）、バッハの死後演奏されることのなかった《マタイ受難曲》を、バッハのお膝元であったライプツィヒにて演奏したのである。聴衆は喝采し、バッハの名と芸術は、ふたたびドイツおよび各国へ広まった。この演奏は、当時どちらかといえば数学者のように理詰めの音楽を書く作曲家とみなされていたバッハのイメージを、完全にあらためることになった。

メンデルスゾーンによるバッハ研究と演奏は続き、一八四〇年にはバッハが楽長を務めていた聖トーマス教会でオルガン演奏会を開催し、バッハのための記念建造物建設に寄与している（《三つの主題をもつフーガ 変ホ長調》ＢＷＶ５２２、コラール《身を飾れ、おお愛する魂よ》ＢＷＶ６５４、《前奏曲とフーガ ニ短調》ＢＷＶ５３９、《パッサカリア ハ短調》ＢＷＶ５８２などを演奏）［**12**］。さらにメンデルスゾーンは、バッハの後期オルガン曲の編纂・出版にもかかわっている。

バッハ復興にかんしては、一八世紀後半から少しずつ兆《きざし》があったものの、メンデルスゾーンによる一八二九年の《マタイ受難曲》ＢＷＶ２４４再演が、その道を確実に拓き、一八五〇年のバッハ協会設立、一八五一年から始まるバッハ全集出版へと導いたのではないだろうか。

●公正な眼で価値を見出し、未来へ伝える

メンデルスゾーンはこうした過去の芸術作品を、文化遺産として世に発信していったのであった。同時代の作品を取り上げるのがつねであったこのころ、「歴史的演奏会」と銘打った連続コンサート・シリーズにおいて、古典派モーツァルトやベートーヴェンはもちろんのこと、長らく演奏されていなかったバッハやヘンデルなどバロック作品も毎回取り上げた。一七八一年に創設された同楽団のプログラムを振り返ると、バッハを取り上げた回数は、一七八一〜一八三〇年の五〇年間にはまったく演奏されていなかったバッハ作品が、一八三一年〜五五年には四三回、一八五六年〜八一年には九二回と、取り上げられる回数が急激に増えていることがわかる［**13**］。

もちろん、自作を含む同時代作品も取り上げた。友人でありロマン派の象徴的存在でもあるロベルト・シューマンの交響曲第一番《春》op.38の初演にもかかわった。シューマンは、メンデルスゾーンに意見を聞こうと楽譜を見せたさい、彼が修正した箇所はまさに自分自身で修正を加えていた部分

であったと、その慧眼《けいがん》に驚いている［14］。

音楽教育分野においても、ライプツィヒ音楽院を創設するなど、メンデルスゾーンの果たした役割は大きい。「芸術振興のために」という条件のもとで、ライプツィヒ市民から王に多額の遺贈がなされたさい、メンデルスゾーンは郡長とともに音楽院設立を計画し、市民の遺志が予定どおり果たされるように王に嘆願書を書いた。そして一八四三年にライプツィヒ音楽院が設立された。ピアノ科教授にはメンデルスゾーン、作曲科教授にはメンデルスゾーンとシューマンが名を連ねている（ほかにヴァイオリン、オルガン、声楽、和声学、対位法、フーガの各学科）［15］。

作曲家としてのメンデルスゾーンは、なによりひじょうにバランスの取れた、心地よく響く旋律とハーモニーを追求した。なかでもヴァイオリン協奏曲ホ短調 op. 64は不朽の名作である。ヴァイオリンの天才と名高いヨーゼフ・ヨアヒムとゲヴァントハウス管弦楽団がこの曲を演奏するのを聴き届け、その一カ月後、メンデルスゾーンは三九歳で世を去ったのであった。

彼は美術も愛し、自ら筆をとって水彩画を描いている。こちらも調和の取れた美しい風景画が多いのが印象的である。調和を愛したメンデルスゾーンであったが、その死後、歴史の波にほんろうされた時期もある。ユダヤ人であることを理由に、一九三〇年代のナチス政権下では退廃音楽のレッテルを貼られ、その音楽の演奏をいっさい禁止された。戦後はその反省をふまえ、ライプツィヒにはメンデルスゾーン記念像が再建されている。彼自身もまた、文化遺産となったのだ。

この曲を聴いてみよう！　——メンデルスゾーン

○ **三大ヴァイオリン協奏曲のひとつ**
【協奏曲】ヴァイオリン協奏曲ホ短調 op.64

○ **ロマン派の特徴が表れている性格的小品集**
【ピアノ曲】《無言歌集》第一〜八巻〈春の歌〉op.62-6、〈ヴェネツィアの舟歌〉op.30-6など）

○ **バッハ再評価へつながった世界初演**
J・S・バッハ《マタイ受難曲》BWV244

自分というミクロの存在を、マクロの世界に見出す

近年はITの発達によって、各地の「いま、ここ」にあるものが瞬時に広く共有されるようになった。ローカルな動きの連鎖が瞬時にグローバルな潮流を生むという現象は、ここ数年加速している。そのなかで、遠くの他者に自分との共通点を見出すこともあるだろう。他者とは、他の人であり、国であり、分野であり、時代でもある。そこに自分との調和を見出していくことは、もしかしたら気づかぬまに、新しい世界観の創造を担っているのかもしれない。

ではメンデルスゾーンやリストが、早くからその芸術的使命に気づいていたのはなぜだろうか？　神童だったから、という理由だけではないだろう。一個人の才能を超越する大きな芸術観や世界観に、早くから触れていたからではないだろうか。メンデルスゾーンは幼少期に、家系に代々受け継がれてきたJ・S・バッハの音楽に触れ、また音楽教師ツェルターに連れられて文豪ゲーテに会っている。リストは父からピアノの手ほどきを受けたが、父自身もベートー

ヴェンなどに知られたピアニストであった。その後はチェルニーやサリエリに習っている。リストはまた、ヴィクトル・ユゴーやラマルティーヌなどの文豪や詩人の伝記を読み、芸術の意味や芸術家としての生きざまを知った。その後もさまざまな文学に触れ、また自然や異文化ともかかわり、さらにはカトリックにも帰依《きえ》し、インスピレーションを受けるままに曲を書いた。現代ではこうした文化環境を整えたり優秀な師を得ることは意思さえあれば可能であろうが、当時としてはたしかに恵まれた境遇だ。両者ともその価値にしっかり気づいたうえで、「自分」というミクロの存在を、「芸術」というマクロの世界のなかに見出し、そのあいだにある多くのレイヤーをひとつひとつ拾い上げ、自分の使命を果たしていったのではないだろうか。

◯共通ポイント

・自分の能力を自覚し、さらに人の資質を見抜くことができる
・より広い視野、より大きなフレームワークで物事を考える
・コミュニティの共通価値を見出し、ヴィジョンを示して、行動する

現代の教育にどう活かす?

アンサンブル教育

未来をともに創るグループワーク

社会生活でも音楽でも、ひとりですべてをこなすだけでなく、他人とともに問題を解決したり、目標を達成する場面がある。そもそも古代から、人は一緒に音楽を奏でたり歌うことで共同体意識を高めてきたとされる。音楽によって他者とつながることは、自然な営みである。最近のピアノ・コンクールでも、ソロやコンチェルトだけでなく、室内楽も課する場合が増えている。いわば「他者ありき」、他者とともに目的を達成する課題である。

ではどのようなプロセスをへて、アンサンブルが仕上がっていくのだろうか。共演者は、国籍や年齢が異なるだけでなく、テクニック、呼吸、拍感、音質、デュナーミクのとらえ方にも違いがある。頼れるものは楽譜だけ。そこで、まずは正確な読譜が条件となる。そのうえで自分の役割を把握し、共演者の楽器特性や個性を理解し、お互いの音色の響きや方向性をよく聴き、全員の楽曲解釈をすり合わせてひとつの流れを創るという、複雑なプロセスなのである。ひとりひとりが、主体性と客観的視点をもつことが求められる。

さらに、お互いを信頼して個性を活かしあうことができれば理想的だ。筆者が聴いた国際コンクールのなかで印象的だった演奏は、ピアノが全体の流れを自然にリードしつつ、共演相手の潜在能力も引き出しながらひとつの世界観を創っていた（二〇一三年度ヴァン・クライバーン国際ピアノ・コンクールでのピアノ五重奏曲の課題）。他楽器の発音や弓の動きを知ったうえで、ピアノの打鍵や響かせ方を工夫したり、共演者ひとりひとりを尊重しながら、個性を発揮しやすい流れを生み出すのだ。

ピアニストで室内楽の達人でもあるイタマール・ゴラン氏は、「人によって拍感や音色、デュナーミクが異なり、それによって音楽にエネルギーがどう投影されるかも違います。だから私はいつも、共演者と何か新しいものを創ろうと試みているのです」と言う。弦楽器奏者も同様だ。ヴァイオリン奏者のマーク・ダネル氏は言う。「『弦楽四重奏はまるで一六本の弦でできた弦楽器で弾いているように聞こえなければならない」と言われますが、私はそれに対してNO！　と言いたい。みなが同じ本を読み、同じことを考えていたら会話はおもしろくありません。それぞれが確立した個人であることが大事。ひとりひとりがしっかり個性をもっていれば、そこから議論が生まれ、互いの考えを共有することができます」（二〇一一年、ムジカ・ムンディ音楽祭にて）

●PISA新指標はアンサンブル力で培われる？

世界の学習評価基準が変わり、他者と協働する力が評価されるようになっている。OECD（経済協力開発機構）が一五歳の学生を対象に実施しているPISA（Programme for International Student Assessment、学習到達度調査）には、二〇一五年度より「協同型問題解決能力」が追加された（ほかに「読解力」「数学的リテラシー」「科学的リテラシー」）。

ここにサンプル・テストをご紹介しよう[16]。パート1は「海外からやってくる外国人学生グループにあなたの地元を案内してもらいます。クラスメート三名とともに、その案内先を三つの選択肢から選びなさい」というお題。チャット形式で会話を進めていき、「あなた」ならどのように答えるか、もっとも適当だと思うものを選んでいく。第一問目では、「何から話しはじめようか?」に返答するかたちで、まず解決すべき課題を明らかにする。続いては、およそ以下のような流れである(ここでは三つの選択肢をA、B、Cとする)。

・何から話しはじめようか(課題の抽出)
・地元とは何をさすのか(共同見解の構築、課題の共有化)
・決められた行動時間内に行ける場所はどこか(約束事の確認)
・どこでもいいという意見が出たが、課題を再確認しよう(経過の観察、フィードバック、チームの役割分担)
・それぞれ意見を出そう(チームメンバーとの意見交換)
・Aが条件を満たしているか確認しよう↓時間内に行けないと判断し却下(チームメンバーとの協働)
・Bに行きたい。地元らしさの条件は満たしている(共同見解の構築)
・Cは地元らしさを感じさせてくれるが、いちばんではない(約束事の確認)

・Cの場所が遠いが時間内に戻ることはできるのか（新たな考察）
・Cが条件を満たしているか確認しよう↓遠距離のため却下（チームメンバーとの協働）
・全会話の要約、最終案Bを担任へ報告する（計画の実施、約束事の遵守）

パート2では「どの学生がどのグループのガイドにふさわしいか、何を基準にどう選べばよいかを考えよ」、パート3では「学生のひとりが急に帰国しなければならなくなった。誰が何時までに空港へどのように見送りに行くか」を、同じく会話形式で進めていく。

このように段階を追うにしたがって、前提条件、かかわる人数、時間や場所の制約、予想外の展開、新たな課題などが増え、難易度が上がっていく。評価指標としては、「チームメンバーの考え方や能力を把握しているか」「チームメンバーがどのていど理解しているかを確認し、適宜修正できているか」「行動結果を観察し、問題解決の達成度を判断できているか」「チームとして機能しているか」などがある。

全員でひとつのものを仕上げていくためには、共通のヴィジョンと、そこにいたるまでの対話が欠かせない。音楽的対話が求められるアンサンブルでは、同じ原理が働いているといえるだろう［**17**］。

現代の教育にどう活かす？

ザルツブルク、ドレスデン、ルツェルン
人々の心をつなげる欧州の音楽祭

●分断した心を結びつけたザルツブルク音楽祭

人と人をつなげるのは、世界観の共有である。欧州各地で開催される音楽祭は、たんに人気の楽曲やアーティストを並べるだけでなく、それらを大きくまとめる世界観を発信しているものも多い。たとえば約一〇〇年の伝統を誇るザルツブルク音楽祭（オーストリア）。毎年この地に一流アーティストが集い、数十万人もの聴衆が音楽の夕べを楽しむ。ロングドレスやタキシードに身を包む聴衆も多

く、まさにクラシック音楽殿堂の地という印象である。この音楽祭では、最高の音楽を楽しむ場を提供するほか、人文学的なメッセージも発信している。それは音楽祭の起源にかかわっている。

一九一四年に人類史上初の世界大戦（第一次世界大戦）が勃発し、一九一七年に終息したものの、ヨーロッパの精神は分断された。そこで、作曲家リヒャルト・シュトラウスをはじめ、詩人フーゴ・フォン・ホーフマンスタール、俳優マックス・ラインハルトらは、ヨーロッパに平和と和解をもたらすために、音楽祭を開催して人々の心をふたたびつなげようとした。その象徴として、ホーフマンスタールの劇『イェーダーマン（Jedermann）』が創作され、以後も同音楽祭開幕時に上演されている。その後、第二次世界大戦下においてオーストリアはドイツに併合され、同作品の上演禁止や、出演歌手への干渉といった憂き目に遭うが、戦後は指揮者ヘルベルト・フォン・カラヤンが登場し、ウィーン交響楽団をはじめ他楽団の出演機会も増えて、音楽祭は黄金期を迎える。その後も伝統は受け継がれ、今日にいたっている。ヨーロッパの中央に位置し、つねに複雑な政治情勢に影響を受けながら、時代の変化を敏感に感じ取ってきたザルツブルク。かの地の音楽祭は、この街ならではの「いま」「近未来」をよく反映している。

二〇〇九年はウェスト＝イースタン・ディヴァン管弦楽団（West-Eastern Divan Orchestra）により、べートーヴェンのオペラ《フィデリオ》が上演された。このオーケストラは、アルゼンチン出身のユダヤ人指揮者のダニエル・バレンボイムと、パレスティナ系アメリカ人の文学研究者である故エドワード・サイードが、イスラエルとアラブ諸国出身の若い音楽家を集めて結成した楽団で、その存在そのものが、平和と共存へのメッセージといえるだろう。

また二〇一〇年は、平和のための世界オーケストラ（World Orchestra for Peace）がマーラーを演奏した。このオーケストラは一九九五年、国連創立五〇周年を記念してハンガリー出身の指揮者ゲオルク・ショルティにより創設された。「平和親善大使としての音楽の強さ」とはショルティが残した言葉であり、その精神を受け継ぐ同オーケストラによる演奏会は同音楽祭のハイライトのひとつとなった。

音楽は純粋に楽しむもの。だがそれだけでなく、音楽には分断されたものをつなげたり、平和のメッセージを発信する力があることも、あらためて実感する。詩人ホーフマンスタールは、「すべての出来事はスパイラル（螺旋《らせん》形）で進行していく」と述べたそうだが、そのスパイラルの原点となる音楽の強さがここにある。それは国境を越え、ヨーロッパという枠組みを越え、グローバルに波及していく［**18**］。

● 再建された街ドレスデンに響く「ヨーロッパの心」

旧東ドイツ時代のさなか、一九七八年に始まったドレスデン音楽祭。第二次世界大戦中に壊滅したドレスデンの街は、現在ではドイツ北部を代表する美しい都市として蘇っている。なかでも中心部にある聖母教会は円屋根《まるやね》が美しい円筒形の教会で、まさにこの街の破壊と再生を象徴している。大戦で完全に破壊されたのち、各国からの和解の意味をこめての支援により教会が再建されたそうだ。

筆者が訪れた二〇一二年のドレスデン音楽祭のテーマは、「ヨーロッパの心（Herz Europas）」であった。ウィーン―ブダペスト―プラハを結ぶ地域から生まれた音楽をプログラムに配している。音楽監督を務めるチェロ奏者ヤン・フォーグラー氏に、このテーマの由来についてうかがった。

「なぜ音楽家はみなウィーンやハンガリー、プラハを訪れるのか、そこで音楽を書いたのか。何が特別なのかをずっと考えていました。それは大都市における君主政治や宮廷文化と、民族音楽とのマリアージュ（結婚）なのです。たとえばドヴォルジャークはチェコの民族音楽に、ブラームスやハイドンはハンガリーの民族音楽に影響を受けていますし、ロマ（ジプシー）音楽の影響も広範囲にわたっています。上流階級の高踏な趣味と一般庶民のヴァイタリティの結合、それが音楽に特別なものを

聖母教会内でのコンサート

ドレスデンの聖母教会

もたらしていると思います」

同音楽祭のテーマは、各時代を反映していて興味深い。たとえば音楽祭初期は「ドレスデンにおけるオペラの歴史」（一九八三年）、「ゼンパーオーパー（ザクセン州立歌劇場）の伝統と現在」（一九八五年）、「四〇年にわたる社会主義圏の音楽文化について」（一九八九年）など、ドレスデンの街や東独時代のアイデンティティを背負ったテーマが多かった。その間もベルリン・フィルやニューヨーク・フィルなど、名だたるオーケストラが出演している。一九八九年のベルリンの壁崩壊後はよりヨーロッパ全土に目を向け、「エルベ川のフィレンツェ（ドレスデンの愛称）におけるイタリア人」（一九九四年）、「スペイン」（一九九九年）

など、ヨーロッパの再定義にしたがってテーマと選曲の領域も広げている。また同時に、哲学や人間心理などと結びつけた普遍的なテーマとして、「啓発――理性の夢」（一九九六年）、「音楽の力」（一九九八年）、「出発」（二〇〇一年）、「未知の歓び」（二〇〇五年）、「信念――理解・寛容・批判」（二〇〇六年）や、最近では「ユートピア」（二〇〇八年）、「新世界」（二〇〇九年）など、さらに開けた新しい世界観を模索しようという意志が感じられる。「新世界」（二〇〇九年）ではヨーロッパとアメリカ、「五大元素」（二〇一一年）ではヨーロッパとアジアをテーマにしている。

そして、二〇一二年の「ヨーロッパの心」である。世界中を巡った旅人が生まれ故郷に帰りたくなる心情と同じように、理想郷を求めたあとは、すべての原点である大地に還りたくなるということだろうか。そんな魂の根源的な姿が投影されている音楽が、いま求められているのだろう［**19**］。

●いまを見つめるルツェルン音楽祭

ルツエルン音楽祭は、まさに「いま」と向き合ったテーマが多い。この音楽祭はスイスのルツェルン湖を臨む旧リヒャルト・ワーグナー邸の前庭にて、一九三八年八月にはじめて開催された。第二次世界大戦下の政治的理由により、バイロイト音楽祭やザルツブルク音楽祭に出演できなくなった指揮者のアルトゥーロ・トスカニーニやブルーノ・ワルターなどが、自由と中立の立場を貫くスイスへとおもむき、この地で音楽祭を始めたのだ。一九七〇年代からはコンポーザー・イン・レジデンスを配して新曲初演に努めるほか、若いアーティストの起用も積極的におこない、二〇〇四年からは若手演奏家のためにルツェルン音楽祭アカデミーも開かれている。

二〇一七年夏のテーマは「アイデンティティ」。グローバル化が進んで久しいが、近年ヨーロッパでは移民・難民を含めて人の動きがさらに流動的になり、いっぽうでは新たな分断も発生している。人、コミュニティ、文化を特徴づけているのは何か？　人は何をもって自らのアイデンティティとしているのか？　いくつかプログラムをご紹介しよう（テーマの分類、サブテーマの要約は筆者による）。

国や民族的なアイデンティティにかんするプログラム

ドイツ音楽が席捲するなか、開拓されたフランス音楽の精神（ドビュッシー《「牧神の午後」への前奏曲》・サン＝サーンスのピアノ協奏曲第五番・ベルリオーズ《幻想交響曲》）、ボヘミアおよびモラヴィア周辺国でのアイデンティティの葛藤と獲得（スク《コラール「聖ヴァーツラフ」の主題による瞑想曲》・ドヴォルジャーク《森の静けさ》《ロンド》《スラヴ舞曲》・ヤナーチェク《草陰の小道にて》など。

個人としてのアイデンティティにかんするプログラム

圧政から自己を守るための仮面・幻想や過去への回帰・師の影響からの逃避（ショスタコーヴィチ《ピアノとトランペットと弦楽合奏のための協奏曲》・ラヴェル《マ・メール・ロワ》《クープランの墓》・ベルク《三つの管弦楽曲》）、セクシャリティとの葛藤・さまざまなアイデンティティとの戯れ（チャイコフスキー《マンフレッド交響曲》・メンデルスゾーン《真夏の夜の夢》）など。

音楽的なアイデンティティにかんするプログラム

ユーモア精神・民謡への嗜好・貴族文化と大衆文化の交差点（ハイドンの交響曲第八二番《熊》・マーラーの交響曲第四番）、最後のソナタにこめられたメッセージ（モーツァルトのピアノ・ソナタ第一八番Ｋ５７６・シューベルトのピアノ・ソナタ第二一番Ｄ９６０・ハイドンのピアノ・ソナタ第六二番Hob.XVI:52、ベートーヴェンのピアノ・ソナタ第三二番ｏｐ．１１１）

現代の教育にどう活かす?

イスラエルとパレスチナ、韓国と北朝鮮
音楽で国境を越える

近年、自身の思想や信条にもとづき、国境を越えて人々が結びつくようになっている。音楽や芸術の世界はその最たる例である。前掲のウェスト=イースタン・ディヴァン管弦楽団はとくによく知られ、イスラエルとパレスティナの若手音楽家が同じステージで演奏することで、文化面から平和に貢献するという理念を掲げて活動している。現在もバレンボイム音楽監督を先頭に、不屈の意志をもっ

て世界中で演奏している。音楽に国境はないということを、これほど体現しているオーケストラもないだろう。地理や文化的な差異だけでなく、宗教や信条も乗り越えなければならない。ここで新しい時代のリーダーシップが発揮されている。それは、音楽のコンテクストだけでなく、自分たちを取り巻く社会・文化・歴史的なコンテクストをつかむこと、すべての奏者の資質や音の役割を理解すること、そして、鮮やかにそれらを融合させること。すべては、開かれた「耳」から始まる。

ヒュンジュン・ウォン氏

じつはバレンボイム率いるこのオーケストラにならい、韓国と北朝鮮を文化的に結ぶために働きかけている人がいる。韓国人ヴァイオリニストのヒュンジュン・ウォン氏だ。幼少のころから頭角を現し、ジュリアード音楽院に進学、二〇〇九年より若い韓国人演奏家を対象としたリンデンバウム音楽祭を開催している。第一回目はシャルル・デュトワを音楽監督に迎え、世界有数のオーケストラの首席奏者などを講師陣に据えて、若い世代のために音楽指導と演奏をおこなった。

音楽祭でのパート練習風景。2017 年は韓国ほか、ハーバード大学でも演奏した

リンデンバウム音楽祭のパンフレット

二〇一一年には、かねてからの夢であった、韓国と北朝鮮の若手演奏家を集めたオーケストラを結成し、コンサートの開催を試みた。一九五三年の休戦協定以来、両国は分断されたままだが、「音楽をとおしてぜひ南北をつなげたい」、そんな思いに突き動かされた。数々の困難があり、まだ実現にいたっていないが、けっしてあきらめないという思いが伝わってくる。

なお二〇一六年より、リンデンバウム音楽祭は一〇代の子どもたちを対象に、音楽と人文学を学ぶアカデミーの開催に踏みだした。相手の声を聴き、相手を思いやることを、音楽をとおして学んでほしいという願いがこめられている。アカデミー初日、ウォン氏は子どもたちに二本の映像を観せた。ベルリンの壁が崩壊した一九八九年のクリスマスの日、旧東独で演奏されたレナード・バーンスタイン指揮によるベートーヴェンの交響曲第九番と、バレンボイム指揮ウェスト＝イースタン・ディヴァン管弦楽団による同曲の演奏だ。映像を観た子どもたちは、はじめはキョトンとしていたそうだ。しかし四日間をとおして、第九の〈歓喜の歌〉（アンサンブル用に編曲）などを学ぶうちに、なぜこの音楽を学ぶのか、なぜみなと一緒に学ぶのか、その意味を知っていくのである。このアカデミーにはハーバード大学やスタンフォード大学をはじめとする現役大学生がメンター（助言者）として参加し、子どもたちに音楽の楽しさやヒューマニズムの考え方を教えている。また大学教授や著述家などを招き、保護者に向けて音楽や教育のたいせつさを伝えているそうだ。なおこの活動は欧米でも注目され、二〇一七年秋には音楽祭の模様がＣＮＮで取り上げられ、軍事境界線（非武装地帯）で民謡を演奏・合唱するようすも放映された。二〇一八年夏の音楽祭はハーバード大学ラドクリフ管弦楽団ほか、イエール大学交響楽団（島田俊行音楽監督）やＭＩＴメディアラボとも提携し、そのネットワークは今後さらに拡大していくだろう。

人間とは何か、人間としてどう生きたらよいか、という問いかけを発するとき。道徳には国や社会の意向が反映されやすいが、人文学（ヒューマニティーズ）は人間を多面的に探究する普遍的な学びである。音楽も、そのひとつなのである。

1 ピーター・ウィリス「全体を尊重する」、ヨルゲン・ランダース『2052――今後40年のグローバル予測』(野中香方子訳、日経BP社、2013)、p.276–277
2 ウェイン・ヴィセル「組織のCSR、つまりCSR2.0」、ランダース前掲書、p.288
3 浦久俊彦『フランツ・リストはなぜ女たちを失神させたのか』(新潮新書、2013)、p.177–179
4 浦久前掲書、p.170
5 ホルシャニ『ハンガリー狂詩曲――フランツ・リストの恋と生活』(木村毅訳、旺文社、1979)
6 浦久前掲書、p.98–99
7 The Berdichev Revival, ウェブサイト“Bach Cantatas Website”より
8 Alfred Brendel, *Alfred Brendel on Music–His Collected Essays*, JR Books, 2007
9 ベーラ・バルトーク『バルトーク音楽論集』(岩城肇編訳、御茶の水書房、1992)、p.318
10 レミ・ジャコブ『メンデルスゾーン――知られざる生涯と作品の秘密』(作田清訳、作品社、2014)、p.25、p.44
11 Felix Mendelssohn: Reviving the Works of J.S.Bach, ウェブ記事“Performing Arts Encyclopedia (The Library of Congress)”より
12 ジャコブ前掲書、p.86、p.157
13 礒山雅、久保田慶一、佐藤真一『教養としてのバッハ――生涯・時代・音楽を学ぶ14講』(アルテスパブリッシング、2012)、p.175、p.181
14 ジャコブ前掲書、p.162
15 ジャコブ前掲書、p.173
16 OECD, Programme for International Student Assessment, 2015 (ウェブ記事)
17 菅野恵理子「グループワーク(協働)の力」、『今こそ音楽を!』(PTNA〔ピティナ〕、2015–16、ウェブ記事)、第1章「社会的観点から」より転載
18 菅野恵理子「2010年度ザルツブルク音楽祭」、『海外音楽教育ライブリポート』(PTNA〔ピティナ〕、2010、ウェブ記事)より転載
19 菅野「2012年度ドレスデン音楽祭」、『海外音楽教育ライブリポート』より転載
20 ウェブサイト“http://www.lindenbaumschool.com”より
21 “Playing for peace and harmony: On Jeju Island, Lindenbaum music festival focuses on uniting two Koreas”, ウェブサイト“Korea Joongang Daily”より(2016年8月16日付)

第3章

レジリエンスの精神をもつ人

物の見方を柔軟にすること

レジリエンスとは、しなやかな強さ、逆境から回復する力である。人間なら誰でも失敗したり、思いがけない状況に陥ることがある。そんなとき、自分を見失って冷静な判断ができなくなってしまうかもしれない。人間は弱い部分をもつ生き物である。しかし同時に、しなやかな強さを秘めている。それは未来を信じる心であったり、混沌とした状況のなかにあっても学びを得ようとする意志であったり、真理を見出して前進しようとする決意である。そんなしなやかなメンタリティはどこからくるのだろうか?

ひとつには、柔軟な物の見方である。人間は同じものを見ても、聴いても、人によってとらえ方がまったく異なる。人の数だけ真理があるといっても過言ではない。いっけん否定的に見える状況でも、好転化への前触れと考えることもできる。ものの見方が幅広く柔軟であるほど、レジリエンスがあるといえるだろう。

レジリエンスが大事なのは、単眼的思考では硬直化を招きかねないからだ。世界は複層的である。たとえば学校や会社の常識が社会全体の常識ともかぎらず、日本の常識が世界の常識ともかぎらず、世界の常識が普遍的な真理ともかぎらない。またいま常識とされていることが、未来永劫常識でありつづけるともかぎらない。つまり「いまここ」で自分が向き合っている現実を、「いまここ」の視点だけではなく、「他（他者・他の社会）からの視点」「過去からの視点」「未来からの視点」という複数の視点で考えることが、幅広く柔軟性のある考え方を生み出す。

芸術のおもしろさは、物事に対してさまざまな視点を示してくれることにもある。隠された意図を浮き彫りにしたり、暗示したり、逆説的に提示したりしながら、複数の視点から考えることをうながしてくれるのである。

創造者に学ぶ

プーランク

二つの視点から物事を見る

●ブルジョワと庶民、聖と俗のあいだで

一方向だけではなく、二方向から見てみると、物事はより立体的にとらえられる。対象からもう少し離れて、二つ以上の物事を俯瞰して見ると、それらが関連しあっていることが見えてくる。複数の視点をもつ人は、どのように世界を見ているのだろうか？

フランスの作曲家フランシス・プーランク（一八九九〜一九六三）は、まさに二つの世界をもって

いた。ユーモアに満ちた軽妙洒脱な作品を多く書いたが、いっぽうではおごそかな宗教的性格の作品も残し、音楽評論家から「聖職者といたずら小僧が同居している」と評された。その複眼で、この世の光も闇も、喜びも悲しみも、楽しみもおかしさも表現したのである。

この二面性は彼の生い立ちに由来すると考えられる。プーランクの父は南仏の山間部出身で、その家系は資産階級に属する。いっぽう、母はパリの下町出身（ノジャン＝シュル＝マルヌ）である。また一家はパリ中心部に住んでいたこともあった。プーランク自身は「子供のころから、街路に響くアコーディオン伴奏とクープランの組曲を区別なくともに愛してきた」と語っている［**1**］。アコーディオンは子どものころに住んだパリの下町に響いていた音であり、フランソワ・クープランとは一七～一八世紀にヴェルサイユ宮殿礼拝堂で活動したオルガニスト、作曲家で、ここでは王侯貴族やブルジョワ階級の象徴として引き合いに出しているのだろう。

フランシス・プーランク

プーランクはその違いを自然に受け入れながら育った。

プーランクは幼少のころからさまざまな音楽に興味を示し、五歳から母にピアノの手ほどきを受けた。一〇代半ばになると音楽院入学を希望したが、両親の方針でまずはふつうの勉強をすることになり、その代わり、ピアニストのリカルド・ビニェスに指導を仰ぐことになった。ビニェスはラヴェル、ドビュッシー、サティなど同時代の作曲家からの信頼が厚く、彼らの作品の初演などを多く引き受けていた。プーランクのピアノ・レッスンではまず、マラルメなどの詩や文学を読み聞かせ、絵画や詩についての議論をおこなったそうだ［**2**］。プーランクの創造力は刺激され、作曲にも並々ならぬ才能を示しはじめる。

プーランクはユーモア、ジョーク、皮肉をふんだんに取り入れた曲を多数書いている。世俗カンタータ《仮面舞踏会》FP60には、モーツァルト、チャイコフスキー、シャブリエからの引用があったり、《二台ピアノのための協奏曲》FP61は「スカルラッティ、モーツァルト、シューマン、シャブリエ、ストラヴィンスキー、そしてポピュラーソングにも及ぶ音楽のパスティーシュ協奏曲……プーランクの、ハーモニーとオーケストレーションに対するずば抜けた感覚がもたらすすばらしい活気のおかげで、どんな堅物も魅了されてしまう」と評された［**3**］。またあるときは来仏したハーバード大学グリークラブのために、《酒飲み歌》FP31を作曲している。陽気に酒を飲んでいるうちに酔いがまわって調子がはずれるようすが、リアルかつユーモラスに描かれている。

プーランクの才能は、しだいに多くの芸術家や音楽家にインスピレーションを与えるようになった。二〇世紀前半に数々の才能を世に送り出したロシア・バレエ団の興行主セルゲイ・ディアギレフもその才能を認め、プーランクと女流画家マリー・ローランサンを組み合わせて、バレエ《牝鹿《めじか》》を制作した。またプーランクは文学者ジャン・コクトーがプロデュースしたグループ「フランス六人組」にも加わっている。フランス六人組とはプーランク、オネゲル、ミヨー、オーリック、タイユフェール、デュレの六名で、ロシア国民楽派五名の呼称「ロシア五人組」にならって名づけられた。

いっぽうで、プーランクはおごそかな宗教曲や内省的な曲、静かに社会の不条理を訴える曲も書いている。プーランクは三六歳のとき、カトリック教徒として回心する。一説によれば、知人の作曲家が自動車事故で非業の死を遂げたことや、敬虔なカトリック信者であった父方の故郷アヴェイロンにおもむいたことなどが起因している。故郷の近くには巡礼の地があり、そこは断崖に囲まれた渓谷となっている。プーランクはそんな光景を目にしながら、ひとり内省したのだろうか。じつはプーランクは二〇代のころ、唯一結婚を考えていた女性リノシエがとつぜんの死を迎え、それによる心の傷が一生消えなかったとされる。死に対する恐れは、プーランクの心のどこかにつねにあった。そのころ手がけたのが、はじめての宗教曲《ロカマドゥールの黒衣の聖母への連禱《れんとう》》FP82であった。以降、宗教曲および合唱曲を多く書いている［**4**］。

年を重ねるごとに、プーランクは人間の業の深さを痛切に感じるようになる。第二次世界大戦の勃発である。一九三六年、ナチス政権下のドイツが再軍備し、フランスはそれに対して反ファシズム人民戦線を展開した。プーランクは明確な立場を表明しなかったものの、自らのことを「かつて自由を信じていた古いフランス共和主義者です」と述べている［**5**］。一九四〇年、パリはドイツ軍に占領され、翌年プーランクはある作品を世に送り出した。バレエ音楽《模範的な動物たち》FP111、とても耳に心地よいやさしい印象の曲だ。しかしそれは厳しい検閲をすり抜けるために慎重に制作され、上演にいたったのである。プーランク評伝を書いた久野麗氏の考察、および引用されている先行研究である田崎直美氏の論文を紹介したい。この作品は、一七世紀フランスの詩人ジャン・ド・ラ・フォンテーヌが書いた六つの寓話に曲をつけたものである（オープニングとフィナーレを加えて計八曲）。ほんらい各寓話の末尾には著者による教訓が記されているが、プーランクはそれだけでなく、原作から別の一節を引用し、各曲の冒頭に載せた。たとえば第三曲《セミとアリ》（イソップ童話「アリとキリギリス」とほぼ同じ）では、原作に書かれている教訓は「歌を歌っていただって？　それはたいへん結構。それじゃ、今度は踊りなさい」であるが、プーランクは「セミは飢えを訴えにいった」を引用している。また第七曲〈二羽の雄鶏〉のフレーズの一部は、反独的なメッセージをもつフランス民謡《いやいや、我らのアルザス＝ロレーヌ地方は渡さないよ》を変形して用いているのではないかと指摘されている。そこにはドイツ軍や彼らに屈服した仏ヴィシー政権への批判、そしてフランス人としての誇りが暗示されており、それがプーランクの真意ではないかとされる。いっぽう、原作にはない農民の労働や食事の風景などを曲に盛りこみ、ヴィシー政権が提唱した国民革命「農業、労働、食事」にさりげなく同調したという。さらに初演時の指揮者はレジスタンス派だが、振付は親ナチス派であった。この絶妙なバランス感覚を駆使して、表面を巧みに装いながら、真のメッセージはしっかりとおすということを、プーランクはやり遂げたのであった［**6**］。

さらに一九四三年に書いたカンタータ《人間の顔》ＦＰ１２０では、ポール・エリュアールの詩を採用した。エリュアールはレジスタンスの文筆組合を組織し、反ナチスの詩を匿名で書いていた詩人である。そしてこの最終曲〈自由〉は、パブロ・ピカソに献呈されている［**7**］。この曲の最後は「Liberté（自由）」という言葉で締めくくられるが、その最終音のソプラノは、まるで檻からパッと抜け出すかのように、あるいは天上へ手を差し伸べるかのように、一オクターヴ高い音を要求されている(E5からE6へ。中央ハより一オクターヴ上のホから、さらに一オクターヴ上のホへ)。自由を奪われた人々の自由への強い希求が感じられて、ことさら胸に迫ってくる。

そして一九五〇年には宗教曲《スターバト・マーテル》FP148、一九五六年には、オペラ《カルメル派修道女の対話》FP159を作曲した。後者の作品では、フランス革命下で禁じられた宗教活動と信仰を貫き、殉教したカルメル派修道女たちの最期を描いた。侯爵令嬢のブランシュは神を信仰する自らの意志を試すかのように修道院に入るが、「神はわれわれの強さではなく、弱さを試すのだ」と修道院長に諭される。そしてその修道院長が死の床でもだえ苦しむのを目の当たりにし、死への恐怖が生じる。やがて修道院には立ち退き命令が言い渡され、修道女たちは投票によって殉教することを決めるが、ブランシュはいたたまれず脱走するのだった。修道女たちは捕らえられ、革命転覆の罪に問われて死刑判決が下る。処刑の日、《サルヴェ・レジーナ》の祈りの歌を口ずさみながら断頭台へ登っていく修道女たちの最後尾に同志であったコンスタンスを見つけ、ブランシュは自らその列に加わる。そして冷たい刃の落ちる音とともに、無実を信じながら消え果てる……。そんな社会の混迷と不条理が描かれている。どうしても書かずにはいられなかったこのオペラだが、プーランクは後年、もう自分では聴きたくないと言ったという。人類愛や信仰心が根底から覆されるような出来事には、もはや触れたくないと思うのも無理はない。第一次、第二次世界大戦を経験し、ドイツ軍にパリを占領されるという事態や、ユダヤ系の友人の境遇も見てきたのだから。

●二つの視点から見た世界観

そんなプーランクがとらえた世界には、どこか俯瞰した人間愛が感じられる。同時代の作曲家や芸術家に向けられた視線にも、そこはかとない人類愛が垣間見える。彼が友人の音楽家や芸術関係者について語っているインタビューがあるが、そこからは、その観察眼の鋭さや表現の的確さだけでなく、やさしさと敬意が伝わってくる。じっさいプーランクは友情に厚く、旅先からも友人たちに手紙を欠かさず送っていた。プーランクが深く敬意を抱いていた作曲家は多くいるが、なかでもひとりのスペインの作曲家にはまた一味違った共感を抱いていたようである。有名な〈火祭りの踊り〉で知られるバレエ音楽《恋は魔術師》を書いたマヌエル・デ・ファリャだ。光と影、その強いコントラストのあいだに潜む神秘主義――スペインの国、スペインの作曲家がもつこうした二面性を、プーランクは見逃さなかった。

「聖女テレジアが肉体と魂の健康を得るためにカルメル派の修道女たちにギターとカスタネットに合わせて踊るよう命じたことを知っていますか。以来スペインのカルメル派はこの習慣を保持しているのです。（……）このようなコントラストの原理が理解されると、ファリャの場合も、郷土色豊かな雰囲気ばかりではなく、神秘思想が顔を覗かせる瞬間があることがはっきりわかるはずなのです。（……）ファリャは神秘主義者なのです。わたしの脳裏に残る最後の彼の姿は、ヴェネツィアの教会のなかで我を忘れて祈りに没頭する人間、むしろスルバランの絵に出てくるような僧侶の姿なのです」［**8**］

リアリズム的な感覚と、禁欲的な清らかさ。プーランクはそのようなコントラストに魅了された。だから、魂の清らかさだけでなく肉体の健全さも重んじたカルメル派修道女に共感し、彼女たちをオペラ《カルメル派修道女の対話》で蘇らせたのではないだろうか。宗教画のような聖女や修道女ではなく、ひとりの女性、ひとりの人間としての苦悩や死への恐怖、それらに打ち克って心の自由を手に入れた姿を描きたかったのかもしれない。もともと別のバレエ用題材（「コルトナの聖マルガリータ」）を提案されていたが、そちらには関心を示さず、この台本に強く惹きつけられたそうだから［**9**］。

世界の両面、人間の両面を知るからこそ見えてくるほんらいの姿。光と闇。人間のおかしみと深み。それが軽妙洒脱な表現として表れるとき、プーランクのユーモアとやさしさを思う。それが荘厳な宗教曲として表れるとき、プーランクの慎みと情け深さを思う。軽妙でありながらどこか物悲しく、怒りながらどこかに救いがある。両極端の世界を行ったり来たりしながらも、人生の深遠からけっして離れることはない。

プーランクが特異なのは、軽妙さと荘厳さをあわせもつだけでなく、その気質がかわるがわる作品に投影されていることだ。第二次世界大戦下において自由を強く希求したカンタータ《人間の顔》、その翌年にはアポリネールの奇想天外な劇（妻が男性に、夫が女性に性転換して四万四九人の赤ん坊を生む）をオペラ化した《ティレシアスの乳房》ＦＰ１２５を書き、その初演二年後には、聖母の涙を刻んだ宗教曲《スターバト・マーテル》を書き、翌年には「甘くけしからぬワルツ」と本人が呼んだ、《シテール島への船出》ＦＰ１５０を作曲している――それはプーランクにとっては何ら不自然なことではなかった。そして、この振り幅こそがプーランクの生涯変わらぬ魅力であった。

プーランクは「わたしの音楽が複数の顔をもっていることを知りたければ、《スターバト・マーテル》にもこの《ティレシアスの乳房》にも、同じように完全にわたし自身が表現されていることを考えみてほしいのです」と述べている［**10**］。二つの顔。二つの世界。その二つが融合するところに、なんとも温かく、ときに郷愁を誘われる世界が現れるのだ。

この曲を聴いてみよう！　——プーランク

◯　甘美で軽妙洒脱な作品

【ピアノ曲】《シテール島への船出》ＦＰ１５０

◯　厳粛な宗教曲

【宗教曲】《スターバト・マーテル》ＦＰ１４８

創造者に学ぶ

ラヴェル

想像を自由にめぐらせる

●鏡に映る「もうひとりの自分」に問いかけるように

多くの人が子どものころに、自由に想像の世界を楽しんだ経験があるだろう。ではいつごろまで空想の世界を楽しんでいたのだろうか。いつそれが現実ではないとわかるのだろうか。きっかけとなるのは、自我の目覚めである。たとえば人は鏡を見たときに、はじめて自分という存在を客観的に意識するのかもしれない。「自分とは何か」「他者から見た自分はどんなか」、つまり第三者の眼が加わるのだ。さらに「自分が見ているのは真実なのか、幻想なのか」「『ほんとうの真実』とはどこにあるのだろうか?」というような自問自答が始まる。

フランス人作曲家モーリス・ラヴェル(一八七五〜一九三七)も、おそらくそのひとりだった。まず、ラヴェルが活躍した時代の少し前にさかのぼりたい。一九世紀半ばごろまではシューマンやブラームスなどドイツを中心としたロマン派が主流で、そのころの作曲家は自分の心が感じたままに、あるいはそれをデフォルメして音に反映させていた。その音楽は個人的・主観的な性格が強く、ゆえに聴き手は自身の個人的感情を寄せて聴くので、共感しやすいものが多い。いっぽう一九世紀後半になると、それまでとは別の思潮が現れてくる。それは個人の主観を超えたもの、あるいはさらに隠された深層心理を掘り下げていくものである。ラヴェルは両方の要素をもっていたと思われる。

ラヴェルの青年期は、フランスがまさに新しい芸術思潮を模索していた時代であった。そのひとつが高踏派(parnassiens)である。高踏派とは、自意識の介入やその過剰な表現を排除し、社会・政治的主張や個人的感情とは一線を画し、ただ芸術の美のみを探求する「芸術のための芸術」を掲げる思潮であった。高踏派の語源となった「パルナッソス」とは、古代ギリシアの音楽の神アポロなどが住む丘をさす。こうした芸術の理想郷を描くことを、ラヴェルも志したのであった。それが、一九〇一年に書かれたピアノ曲《水の戯れ》に表れている。水のしなやかな動きや色彩感が精緻に描かれた作品だ。フランス絶対王政黄金期のヴェルサイユ宮殿の噴水を描いたとされる高踏派詩人アンリ・ド・レニエの詩『水の祭典』を引用しており、その庭園さながらのシンメトリーな形式や修辞法を、ラヴェルは音楽で模していることが指摘されている［**11**］。自我を投影させない、個人的感情や思念から切り離された世界観だ。

モーリス・ラヴェル

たしかにこの指摘のように、ラヴェルの作品からは、強い情念や過剰な情緒はあまり感じられない。しかし、だからこそ、じつは誰よりも自己を徹底して見つめていたと考えられる。自我を切り離し、より自由に創造するために。ラヴェルはまるで鏡を覗きこむように、自我と切り離されたもうひとりの自己と、戯れ、試し、驚かせ、ときにはあざむくように、曲を書いたのではないだろうか。

ラヴェルは二九歳のとき、ピアノ組曲《鏡》を書いている。その音楽は内心の告白ではなく、あくまで自己を客観的に描写する。第一曲目〈蛾（夜蛾）〉は、蛾を模写したのではなく、夜の街でたむろしている自分たちを暗喩・揶揄しているとされる［**12**］。

また予定調和を崩し、予想外の展開を見せる曲もある。さめざめと泣いたと思ったらあざ笑って消えたり（ピアノ組曲《夜のガスパール》より〈オンディーヌ〉）、優雅なワルツがしだいに憑《と》りつかれたような踊りになったのち、急に息絶えるように終わったり（管弦楽曲・ピアノ曲《ラ・ヴァルス》）。

さらには、意図的に物理的な制限を課し、それを乗り超えようとすることにより柔軟な思考と技法の可能性を探る、という試みをおこなっているかのように見えるときがある。たとえば管弦楽作品《ボレロ》は打楽器のリズム奏に、管楽器（フルート）から始まる二種類のメロディと、弦楽器（ヴィオラとチェロ）のピッツィカートから始まる伴奏が終始同じ調子で繰り返され、そのメロディが各楽器へと受け渡されながらハーモニーを奏で、全体合奏で終わる構成になっている。メロディやリズムを変えない、ディナーミクは一曲全体をとおして*pp*↓*ff*へ、という制限を意図的にもうけ、そのなかで最大限のオーケストレーションを展開したのである。あえて制約をもうけることで、表現の可能性を押し広げるという高度な技である。ピアノ曲《夜のガスパール》第二曲〈絞首台〉にも同じ効果が見られる。終始、変ロ音が一定のリズムを刻みながら不気味に繰り返されるなか、メロディがおごそかに進行していく。逃れられない運命のように。またピアノ組曲《クープランの墓》では、古典的な様式をあえて選び（前奏曲、フーガ、フォルラーヌ、リゴドン、メヌエット、トッカータ）、そのなかで現代的な響きを試みている。使い古された定型や古びた視点に新たな息吹を吹きこみ、その定義そのものを変えるように。これもラヴェル流の戯れかもしれない。いっぽうで、ピアノ協奏曲やヴァイオリン・ソナタ第二番では、ジャズやブルースの要素を取り入れている。

●超現実の世界を探求して

ラヴェルは、自分を超越した存在、現実を超えた世界にも関心を寄せた。アロイジウス・ベルトランの詩にもとづいたピアノ曲《夜のガスパール》には、第一曲〈オンディーヌ（水の精）〉、第三曲〈スカルボ（悪戯好きの妖精）〉、管弦楽と二台ピアノのための作品《マ・メール・ロワ》の〈眠りの森の美女のパヴァーヌ〉や〈美女と野獣の対話〉、バレエ《ダフニスとクロエ》では古代ギリシアのパンの神やニンフ、ピアノ曲《クープランの墓》は、亡き人へのオマージュだ。また同じ鳥の鳴き声でも、声楽曲《三羽の美しい極楽鳥》は天国からの、ピアノ組曲《鏡》の第二曲〈悲しい鳥たち〉は黄泉《よみ》の国からのそれのように響く。曲にはしていないが、ラヴェルはH・G・ウェルズの小説『透明人間』についてもよく語っていたという(もし曲にしていたら、四分半ほどの沈黙になるだろうか!?)。

ラヴェルにしてみれば、舞踏音楽であるワルツですら超現実的な世界とつながっている。指揮者・作曲家の友人マニュエル・ロザンタールによれば、ワルツのリズムこそ人間性と密接にかかわるものだと、ラヴェルはよく口にしていたという。《ラ・ヴァルス》や《高雅で感傷的なワルツ》を残しているが、とくに前者は全作品のなかでもっとも気に入っていたそうだ。その理由がラヴェルらしい。

「なぜなら、これは悪魔のダンスだからだ。とくに悪魔は、創造者の潜在意識につきまとう。創造者は、否定の精神とは対極の存在だからね。創造者の中でも音楽家の地位が一番高いのは、ダンスの音楽を作曲出来るからだ。悪魔の役割とはわれわれに芸当をさせる、つまり人間的なダンスをさせることなのだが、人間のほうも悪魔にお返しをしなくてはならない。悪魔とともにできる最高の芸当は、悪魔が抵抗できないようなダンスを踊ることだよ」[13]

ラヴェルが亡くなったのは、奇しくも、「幻想的なオペラ」と彼が呼んでいた《子どもと魔法》が、フランス国立管弦楽団によって再演された日だった(一九三七年一二月二八日、パリ)。その死が会場で告げられたとき、客席にはストラヴィンスキーがいた。ともに魔法のような音楽を書くことのできる、稀有な才能をもつ同志であった。

●醒めた眼で、もうひとりの自己と戯れる

哲学者ウラディーミル・ジャンケレヴィッチは、ラヴェルの本質を、真の自己を覆い隠すための「仮面」あるいは仮装行為自体をも仮装する「二乗された仮装（カムフラージュ）」だと述べている。すべての物や人の本質を鋭くとらえ、それに共感し、熱狂しているにもかかわらず、それを覆い隠すことにも長けている、と。

「（……）主観主義者は自己から出て行って自分自身しか見出さないのに、ラヴェルはわざとかくれんぼして遊ぶのである」「ラヴェルは脱我的直観と、他者と一つになる共感のあの才能をもっていて、それがこの芸術家に、きわめて風変わりなものをわがものにさせ、それに合体し、自己を注ぎ、完全に自己を忘れるようにさせるのである」［**14**］。完全に自我から脱していたのか、脱したように装っていたのか、われわれの眼もくらませるラヴェルである。ちなみにラヴェルと同時代に、精神分析学者

ジークムント・フロイトによって、人間の深層心理や夢が深く探究された。フロイトは人間の心理を「イド、自我、超自我」の三層に分け、イドは根源的な欲求、自我はそれを理性でコントロールし、超自我はそれらをより高い視点から見守る良心的自我だとした。ラヴェルがフロイトを読んでいたかは不明だが、脱我というより、超自我の存在を意識していたのではないか。超自我の醒《さ》めた眼があるからこそ、現実と幻想のあいだで、イドと自我が自由に戯れることができたのではないだろうか。

●遊びとしての芸術行為

ラヴェルの戯れは、まさに高度な芸術行為であった。この戯れが人間の心身の発達に欠かせない要素であることを、二〇世紀の精神分析医も説いていた。

「イギリスの小児科医・精神科医ドナルド・ウィニコットは、遊びが他者への好奇心や思いをめぐらす能力を育み、友情、愛、のちには政治などに対する健全な態度を発達させることに寄与するとした。その「遊びの空間」を養成する力を維持発展させるのが、まさに芸術の役割だと確信していたのである」［15］

ラヴェルは「スイスの時計職人」とストラヴィンスキーに称されるほど精確で完璧主義だが、それは完璧に仕上げて少し無造作に崩す、といった風情を自覚的に演出するほどの完璧主義だったのである。

「誠実で良心的な芸術にもっとも反するもの——優柔不断、美辞麗句、大まかでいいかげんな形——それをラヴェルは戯れとぺてんから身に着ける。（……）ここでは、不正確ということは、さらにそれ以上の正確さということ、繊細さをもう一つ洗練することでしかなく、ちょうど学ばれた投げやりな調子が無上の優雅にほかならぬのと同様である」[16]。こうした性質はラヴェルの生い立ちが関係しているのかもしれない。ラヴェルはスイス人の父とスペイン人の母とのあいだに、スペインとの国境付近にある南仏の街で生まれた。機械工であった父は幼いラヴェルを工場に連れていき、最新の発明品などをよく見せていたというから、ラヴェルの創造力と観察眼は父ゆずりかもしれない。いっぽう母からは、スペイン風の音楽性を受け継いでいる。母はラヴェルに出身地であるバスク地方の民謡をよく歌って聴かせていた。ラヴェルはスペインふうのリズムや旋律を馴染みあるものとして作品に用いており、その音楽には母の影響が色濃く表れている。

ラヴェルは後年脳疾患により作曲活動を断念するが、その直前に奇しくも《ドゥルシネア姫に心を寄せるドン・キホーテ》という歌曲集を書いている（映画音楽として依頼されたが採用されなかった）。一七世紀に書かれたセルバンテスの小説『ドン・キホーテ』の主人公は、自分の眼に見えるものをすべて真実と信じるが、周りからみればすべて彼の幻想という設定だ。しかしながら、「その幻想はどんな想いや愛から生まれたものなのか？」「幻想も突き詰めれば、騎士道精神の成就という真実になりうるのか？」と考えると、道化になりきったドン・キホーテを見ている読者自身の常識が揺さぶられる。ラヴェルは、道化師どころか道化そのものであったドン・キホーテに親近感さえ抱いていたのかもしれない。道化は誰よりも繊細に、世界の真実を見ている人だから。そう考えると、ラヴェル自身が《道化師の朝の歌》（ピアノ組曲《鏡》第四曲）の道化師本人に思えてくる。道化師の朝というのは、素顔の道化師、素の自分と向き合う、そんな一瞬なのかもしれない。

いっぽう、ラヴェルはその醒めた眼で、現実を鋭く見抜いていた。芸術は社会と切り離されて存在するべきだと考えていた。だからこそ不条理なことには徹底的に抗った。以下は、第一次世界大戦中、フランス音楽の擁護のための国民連合に参加を要請されたことに対し、激怒してしたためた文章である。少し長いが主要部分を引用する［**17**］。

私が貴連合の主旨に賛同しかねるのは、宣言文に、「芸術音楽の役割が経済的かつ社会的だ」とあるからです。私は音楽を含めた芸術も、いままでそのように考えたことはありません。（……）私には、「わがフランスの芸術を擁護するために」、「フランスにおいて、大衆が受け入れにくいドイツ＝オーストリアの現代音楽作品の公開演奏を禁止すること」が必要だと到底信じがたいのです。（……）さらにフランスの作曲家にとって、他国の同業者および彼らの作品をことごとく無視して、ある種の国家的政策に迎合するのは、危険だとさえ言えましょう。わがフランスの音楽文化が現段階でいかにすぐれていようとも、遠からず衰退し、陳腐きわまりない惰性に陥ってしまう危険がないとは言えないからです。たとえば、シェーンベルクが「オーストリアの作曲家」であっても、何ら問題はないのです。シェーンベルクはやはり価値のある作曲家であり、彼の音楽におけるきわめて興味深い創意の数々は、我が国を含めた連合国の作曲家にとっても、得るところが大きいのです。そのうえバルトークやコダーイ、そして彼らの弟子たちがハンガリー人であり、彼らが作品のなかにハンガリー風の情緒をこめて、自分たちの民族性をはっきり主張していることを、私はたいへんうれしく思います。（……）私は「フランス人としてなすべきこと」を続けていくことを願っており、「フランス人にふさわしい行動を起こした人物として、記憶に留められること」を希望しております。

この曲を聴いてみよう！　——ラヴェル

○　制限から独創性が発揮された作品

【バレエ】《ボレロ》

○　ワルツの概念を広げた作品

【管弦楽曲／ピアノ曲】《ラ・ヴァルス》

創造者に学ぶ

ショスタコーヴィチ

冷静に観察し、しなやかにはねのける

ソ連の作曲家ディミトリ・ショスタコーヴィチ（一九〇六〜一九七五）は、独裁者スターリンを「指導者にして教師」と仰ぐソ連共産党時代の真っただなかで活動した。当時この国では、表現者としての活動はつねに監視の対象であった。なかには、反体制的との理由をつけられて連行され、そのまま帰ってこない友人知人もあった。人々の会話からはその人の名は消え、また何事もなかったかのように日常が続けられる。そんな静かな恐怖と隣り合わせの日々だった。

二〇一六年冬、『ショスタコーヴィチを見舞う死の乙女』という音楽劇の公演がおこなわれた（東

ドミートリイ・ショスタコーヴィチ

京、サントリーホール）。女優イザベル・カラヤン（指揮者ヘルベルト・フォン・カラヤンの娘）によるひとり芝居である。セリフには、ソ連共産党時代の圧政下で苦しみ亡くなった文学者や詩人の言葉が引用されており、その不安、苦悩、狂気に満ちた言葉を、カラヤンはまさに死の乙女のように擬人化し、鬼気迫る演技で表現した。

その曲間に演奏されたのは、ショスタコーヴィチが書いたポルカ（バレエ音楽《黄金時代》より）やスケルツォ（ピアノ五重奏曲第三楽章）などである（演奏はドレスデン国立歌劇場管弦楽団の室内楽メンバー）。ほんらい、スケルツォは軽快でユーモラスな曲調である。とすれば、一九四一年に作曲されてスターリン賞まで受賞したこのピアノ五重奏曲 op.57には、何が表現されているのだろうか。劇的な幕開けから運命に翻弄されるような第一楽章と、美しい旋律がしだいに絡み合い、歪み、暗く沈みこんでいく第二楽章のあとに、異様なまでにリズミカルで明るい第三楽章スケルツォを配している。約三〇分の曲の中間に置かれた三分ほどのスケルツォ。この異常な明るさは、けっして士気高揚や称賛の表現ではない。何者かがトランス状態に陥り、狂喜乱舞する姿が見えてくる。もしそれが圧政者やその崇拝者を暗喩しているとすれば、痛烈な皮肉だ。第四楽章では喧騒のあとの静けさのようにゆったりと奏でられるメロディに救いの光が見え、最終楽章は精神が勝利したような力強さを感じさせながら、すっと消えるように終わる。これがもし最後まで内省的な表現であれば、不安や恐怖が内にとどまり、先に精神が押しつぶされてしまうかもしれない。

ちなみにスターリンの死後に作曲された交響曲第一〇番op.93の第二楽章も、四分ほどのスケルツォである。暴走した機関車のように騒々しいが、ショスタコーヴィチはこれを「音楽によるスターリンの肖像だ」と語っている[18]。どんな状況に置かれても、冷静に観察し、アイロニーをこめてしなやかにはねのける力。それも究極のレジリエンスだろう。

なおショスタコーヴィチは交響曲第七番《レニングラード》op.60を「スターリンが破壊し、ヒトラーがとどめの一撃を加えたレニングラードのことを主題にした」と述べているが、第四〜八番の交響曲なども、多くの交響曲は「墓標である」と語っている。新たな悲しみと破壊をもたらした戦争だけでなく、戦前の恐怖に満ちた歳月も決して忘れることができない、と。友人たちを含め、あまりに多くの人々がいずこととも知れぬ場所で亡くなったことに対し、彼らの墓碑を立てられるのは音楽だけ、だと。「自分の音楽を彼ら全員に捧げるのである」［**19**］。

この曲を聴いてみよう！　――ショスタコーヴィチ

○シニカルな状況描写も感じさせる曲

【室内楽曲】ピアノ五重奏曲 op．57

○理不尽さに対する抵抗、精神的な鼓舞が託された曲

【交響曲】交響曲第七番《レニングラード》op．60

柔軟かつ冷静に受けとめる力

プーランクの好奇心や遊び心は終生変わらず、それは友人知人とよく交わしていた手紙にも感じられる。一六歳のころ、プーランクは「音楽の発展のなかでセザール・フランクの果たした役割をどう思いますか?」という質問状を、当時の有名作曲家に送っている。宛先は、サン＝サーンス、サティ、ドビュッシー、ストラヴィンスキーを含む七名である。無名の少年からの質問に対して、大御所たちはそれぞれ真摯に、あるいはユーモアをもって返事を書いている［**20**］。それから四〇年後、口ひげを伸ばしはじめたプーランクは、友人たちに手紙で「この口ひげに賛成? 反対?」とアンケートをおこなっている［**21**］。「賛成九・反対五」という結果だったが、おそらく結果はどうでもよく、プーランクのちょっとしたお遊びだったのだろう。

ラヴェルもエスプリとシニカルさをふくんだ戯れの精神があった。彼には、自身が創造した世界のなかで音を自由自在に遊ばせながらも、どこかでしっかり手綱をひく超自我が存在する。

プーランク、ラヴェルとともに、アカデミズムの頂点をなした人物ではない。プーランクは音楽院で学びたい意思はあったが、両親の方針もあり、最終的には断念した。ラヴェルはパリ音楽院で学んだが、弦楽四重奏などは革新的すぎるとされ、ローマ大賞にも何度か挑戦したが落選し、最終的には音楽院を去っている。しかし両者ともおのれを信じ、伝統的思考に凝り固まることなく、柔軟な考え方をもち続けた。その複眼的思考で、未来を見とおしていたからかもしれない。それはどんな状況にあっても、対象を冷静に見据え、あるときはそれを受け入れ、あるときはそれを覆すような、しなやかな強さをもっていた。

ショスタコーヴィチはまた異なる運命をたどっている。「指導者」に気に入られる作品を書くことが至上とされ、それができなければ生死にかかわるという運命にさらされていた。その時代をショスタコーヴィチはこう振り返っている。「これは、悲しいことであったという言葉で表現しきれるものではない。しかし、それはさておくとしよう。過ぎ去ってみると、悲劇は笑劇のように見えるものだ」[**22**]。

ソ連がドイツに勝利したあと、ショスタコーヴィチはスターリンから「賛歌を書くように」と要求され、その依頼を引き受けた。しかしできあがった交響曲第九番を聴いてスターリンは激怒した。それは合唱も独唱も賛歌もいっさい登場せず、要求にはほど遠い内容だったからだ。そしてスターリン死後に、その人の「肖像」を交響曲第一〇番第二楽章に表している。
ショスタコーヴィチは、いつでも冷静に自分や周囲の状況を見つめる眼、密告や差別などに加担しなかった公平性、深刻さのなかに皮肉や風刺も表現できる力によって、時代の趨勢《すうせい》に流されることなく、時代そのものを作品に刻んだのだった。自らのメッセージを、それとなく音楽に託しながら。

〇共通ポイント

・複数の視点をもち、物事を別の角度からも見られる
・柔軟に状況判断ができる
・考え方や生き方に、遊びの余地がある

現代の教育にどう活かす？

ルーヴル美術館鑑賞コース

一つのテーマから、複数の想像をふくらませる

一つのテーマを、どれだけの視点でとらえられるだろうか？世界一の規模を誇るフランスのルーヴル美術館に、興味深い企画がある。膨大な芸術資源をどう展示し、有名無名にかかわらず価値ある作品に着目してもらえるか、教育にどう活かせるか、といった問題意識から、ある芸術鑑賞法を提案している。テーマをひとつ決め、それに関連する作品を鑑賞しながら、感性を磨いていてい

ルーヴル美術館で芸術鑑賞する子どもたち

くのである。ここでは、「愛」「食」という二つの鑑賞コース（二〇〇七年度版）を紹介しよう。

●テーマ「愛とは何か？」

このコースは「呪われたアフロディーテ――愛の駆け引きと、神話に登場する恋人たち」と名づけられ、おもに一六～一八世紀に描かれた絵画・彫刻一一点を鑑賞する。すべてアフロディーテが象徴する「愛と美」をモティーフにしているが、その解釈や表現方法は画家によって異なる。

描かれているのは、母性愛、男女の愛、愛と権力、自己愛、愛の消滅と死、愛の目覚め、成就しない愛、禁断の愛、昇華する愛、蘇る愛、神の愛……さまざまな

ニコラ・プッサン『オルフェとエウリディーチェがいる風景』（1650–53）

アントニオ・カノーヴァ『アモルの接吻で蘇るプシュケ』（1793）

愛の表現だ。こうした絵画や彫刻をとおして、人間界・神話界に存在する「愛」の姿を知るとともに、言葉の定義の幅広さや表現方法の奥深さを学ぶことができる。同時に、多様な身体の動き（ねじる、かがむ、伏せる、飛び出す、しゃがむ、座る、立つ……）、巧みな画面構成、小物や背景に隠された寓意など、絵画そのものの鑑賞方法も学ぶことになる。

●テーマ「食卓はどう表現されてきたか？」

このコースは「食卓の表現をとおして、当時の食事の習慣や食文化を知る」ことを目的とする。まず紀元前二四〇〇年のエジプトの壁画から始まり、紀元前五〇〇年の、ワインを片手に夫婦でくつろいでいる夫婦の彫刻、一六世紀の婚礼祝賀会の様子、一七世紀フランス片田舎の食卓風景、一八世紀のブルジョワ階級の裕福な朝食風景、一八世紀の貴族階級の狩猟と屋外での昼食風景など、九点を鑑賞する。たとえば紀元前二四〇〇年のエジプトでは、王や貴族などの死者を弔うために壁画を残したが、そこには、魂の安住と永遠の富を願い、祝宴の様子が描かれている。ワインや野菜、魚などの供え物や、楽隊（フルート、ハープ、唄、ダンス）も描かれ、生前と同じように豊かな生活を死後も続けてほしい、という願いがこめられているのだろう。一八世紀ごろになると、ブルジョワ階級が登場し、食卓には異国の風俗文化（東洋趣味）も反映されるようになる。

このように、ひとつのテーマにもさまざまな表現がある。テーマをしぼって鑑賞することで、想像力を広げるエクササイズにもなるだろう。

現代の教育にどう活かす?

二〇二〇年度大学入試改革
複数の問いから、一つの文脈を読み解く

●二〇二〇年度大学入試改革で、問われる思考力

どれだけの視点から、一つの文脈を読み解けるか?――日本で進められている二〇二〇年度大学入試改革では、個人個人の多様な学習成果や能力を試験結果に反映させるべく、新たな選抜法が模索されている。大きく変わるのは、「問いの質」だ。いままでは与えられた知識や技能の再現力・実践力が問われることが多く、そのための勉強によって、受験生には処理能力の速さや暗記力はついたかも

しれない。しかしいっぽうで、安易に正解を求める習慣につながってしまったことも否めない。これからは、自ら問題の本質を見きわめ、あらゆる知識を統合して思考・判断・表現する力が問われるようになる。いわゆるクリエイティヴ・シンキングである。『二〇二〇年の大学入試問題』を著した石川一郎氏は、これを「LOT（Lower Order Thinking）」という通常次元の思考を対象にする試験から、「HOT（Higher Order Thinking）」という高次思考を対象とする試験への変化、と分析している。したがって論理的思考力もさることながら、問題の本質を鋭く見きわめる直観力や感性も欠かせないと述べている［**23**］。

問題の本質に迫るには、まず視点を増やすことが求められる。二〇〇八年にノーベル物理学賞を受賞した益川敏英氏は、『15歳の寺子屋――「フラフラ」のすすめ』という本も書いており、好奇心を大きく広げること、憧れを見つけることが大事だとしている。じっさい、益川氏の研究室には数学、精神医学、天文学など、専門の物理以外の分野の書が並んでいるそうだ。「憧れがたくさんあるからフラフラするわけでしょう。そして憧れを見つけたら、ドン・キホーテのように一歩を踏み出すことが大事。（……）迷ったり、壁にぶつかったりしながらも、実際に動き出してしまえば憧れはロマンに変わる。僕はそう信じているんです」［**24**］。幅広い視点から対象を見るからこそ新たな見地から問いを立て、真実に迫ろうとする動機が生まれるのだろう。憧れに一歩でも近づこうとして。

では、問いに対する答えを模索したり、思考を深めるにはどのようなプロセスが必要だろうか。たとえばフランスでは、質問をとおして考察を深める教育が重視されている。歴史の授業においても、教科書の丸暗記ではなく、自分の視点に置き換えて考えるアプローチが採られている。高校一年生の歴史教科書では、ある史実に対し、概論、写真、グラフ・統計資料、原因・結果を示す図やダイアグラム、当時の記事・広告・風刺漫画、政治家・文化人の言動などが掲載され、それらを用いて総合的に考えるための質問が各ページに与えられている。たとえば次のような動詞がよく使われる――「観察しよう」「検討しよう、調べよう」「発見しよう」「比べてみよう」「着目しよう」「考えよう」「分析しよう」「実践してみよう」「選び出そう」「分類しよう」「書いてみよう」「総括しよう」「明確にしよう」「情報を引き出そう」「情報を活用しよう」「識別しよう」「詳述しよう」「解釈しよう」「掘り下げよう」「評価しよう」「書き留めよう」などなど。ほぼすべてのページ（全三五〇頁）にわたり、このような検証的アプローチが採られている。

歴史とは人間の営みの繰り返しである。過去をどうとらえるのか、その知見をもって現在や未来にどう向き合うのか、さまざまな視点や方法で検証しながら考察を深めていくのである。

現代の教育にどう活かす？

青山学院大学文学部比較芸術学科
より広い土壌で音楽を学ぶ

●芸術を比較しながら学ぶ

アメリカではハーバード大学やスタンフォード大学などのトップ校をはじめ、ほぼすべての大学に音楽学部・学科が設置され、一般学生も含めて音楽科目が広く開講されている［**25**］。音楽理論や音楽史、楽器演奏なども含む、包括的なカリキュラムである。科目としての音楽は、日本ではこれまで音楽大学で専門的に教えられてきたが、最近は教養科目として学べる総合大学も現れはじめている。たとえば慶応義塾大学や東京工業大学などがその代表格である。小さいころから音楽を習ってきた学生も、はじめて取り組む学生も、ともに学べる音楽とは何か？　音楽という資源をどのように活かしているのだろうか。

二〇一二年、青山学院大学文学部に「比較芸術学科」が誕生した。音楽、美術、演劇映像の三分野を相互に比較しながら、芸術を総合的に学ぶ学科である。音楽はそのなかでどのように位置づけられ、何が学ばれているのか、他の芸術と比較することによってどのような思考が生まれるのだろうか。音楽専攻の広瀬大介教授、およびゼミ生に話をうかがった。

●「比較芸術学科」とは？　それはなぜ生まれたのか？

――複数の芸術分野を学際的に学ぶ「比較芸術学科」というのは日本では珍しいですね。どのような経緯で設立されたのでしょうか。

広瀬大介　青山学院大学では、もともと美術や音楽は同じ文学部の史学科に、演劇は英米文学科に属していましたが、二〇一二年にこの比較芸術学科が新しい学科として発足しました。発足にあたっては、分野相互のかかわり合いを学びつつ、そのうえで高学年になるにしたがって自分の専門を深められるよう、カリキュラムが組まれました。一年生は必修として、東洋・西洋の美術、音楽、演劇映像の三ジャンルすべてを学びます。音楽専攻では基本的には音楽理論を学びますので、演奏の実技を教える授業はありません。現在は美術四人、音楽二人、演劇映像三人の専任教員がいます。美術や演劇映像の先生方にも、音楽にくわしい方が多いですね。

青山学院大学文学部の
広瀬大介教授

――今日見学した楽曲分析のクラスは、学生が自主的に進めていましたね。このクラスでは、どのようなテーマを扱っていますか?

楽曲分析は今回で三回目です。これまでの二回でモーツァルトの交響曲第四一番《ジュピター》K551、今回はワーグナーの楽劇《トリスタンとイゾルデ》から〈前奏曲〉と〈愛の死〉、次回はラヴェルの《ラ・ヴァルス》を勉強します。モーツァルトではソナタ形式を、ワーグナーでは、劇音楽が具体的に何をどのような手法で表現しようとしているのかを考察したいと考えています。学生発表のさいは、月替わりのゼミ幹事が司会を担当しています。一〇人ほどなので一年間で全員まわりますね。学生が自主的に進められるように、こちらは九〇分間できるかぎり黙っています。いまの四年生が三年生のときは私が楽曲分析を教えざるをえませんでしたが、いまは新しい三年生に四年生が教えてくれているので、私も楽をしています（笑）。

● 自分でモティーフを探す楽曲分析

この日のゼミ演習では、ワーグナー《トリスタンとイゾルデ》より〈前奏曲〉と〈愛の死〉の楽曲分析がおこなわれた。まず楽曲を一回とおして聴いたのち、ゼミ生全員でアナリーゼ作業へ。事前に配布されたスコア（総譜）とライトモティーフ（示導動機。オペラや交響詩の登場人物や事物・概念を表す特定の旋律・主題）の譜例をもとに、どこにそのモティーフがあるか、どんなモティーフなのかを数小節ごとに探っていく。断片的に現れたり、拡大・縮小されたり、楽器編成を変えて現れたり、どの楽器とどの楽器がモティーフの受け渡しをしているかなど、パズルさながらに見つけていく。学生のひとりがリーダー役として司会進行を務め、和気藹々《あいあい》とした雰囲気のなかで、出席者全員が積極的に意見を発していたのが印象的であった。

●現役生に聞く――比較芸術として音楽をどう学んだか

一・二年次に音楽・美術・演劇映像を横断的に学んで気づいたこと、三年次で音楽コースを選んだ理由、学んだことを将来どう活かしたいかなどを、ゼミ生数名に尋ねた（年次は取材当時）。

音楽と諸芸術の表現の違い

たとえば「やわらかい」という表現ひとつとっても、絵画では色や描き方で、音楽では和音の響きやテンポなどで、演劇では言葉の韻で表現するなど、さまざまな方法があることを学びました。オペラなどの舞台芸術を見ていると、どれかひとつでは成り立たず、お互いを尊重しあって表現していることがわかり、いろいろな芸術がつながっていることを実感しました。（小林佳織さん／四年）

音楽と政治のかかわり

政治や軍事にも興味があります。旧ソ連などではっきり物事は言えないが、音楽や芸術をとおしてそれとなく逃げ道を作りつつ政治体制の批判をした歴史があり、そのような芸術の方法を学んでおもしろいと思いました。芸術は当時の社会や政治体制を反映するため、それらはどこかでつながっていることを四年間で実感しました。ショスタコーヴィチなどソ連の作曲家が好きで、卒論は日本の軍歌です。将来の仕事は旅行会社が志望で、旅行をとおして音楽や芸術に触れる人を増やしていきたいです。（吉田美香さん／四年）

音楽と映像、音楽と心理のかかわり

入学当初は映像分野の研究を志望していましたが、音楽分野の研究と組み合わせることで、映像と音楽の関係性を学ぶことができました。たとえば、音楽が映像にどのような効果を与えているのか、映像の手法と音楽がどのように絡み合っているのか、などです。また、音楽以外にも幅広く履修できるこの学科で、多角的な物事の見方やかかわり方を学びました。卒論はジョン・ウィリアムズとエーリヒ・ヴォルフガング・コルンゴルトを軸に、ハリウッド映画音楽の変遷について書く予定です。将

来はさまざまな分野にかかわることができる業界を希望しています。（新村沙樹さん／四年）

将来は市民楽団で音楽活動を続けたい

青山学院短大現代教養学科で日本文学を専攻し、「日本の言葉と文化」「日本の歴史と現代社会」「世界から見た日本」という三つの視点から日本を全体的に勉強しました。卒業後に比較芸術学部三年次に編入。社会人になっても、市民楽団でホルンを吹き続けたいですね。（松本真実さん／四年）

将来は音楽人口を増やしたい！

芸術学部ではなく、文学部に比較芸術学科があることに大きな意味があると思っています。二年次の授業で、社会全体が文芸・芸術と密接に結びついていることを学びました。たとえば一八三〇年二月五日にベルリオーズ《幻想交響曲》が初演されていますが、その年にヴィクトル・ユゴーの『エルナニ』事件（ユゴー『エルナニ』〔一八三〇〕の初演にさいし、作者の考えに賛同するロマン派陣営と、伝統を守ろうとする古典派陣営が対立し、前者が勝利をおさめた）もありましたし、普仏戦争はプロイセン、フランス双方に大きな影響を与えていますが、勝利したドイツ側では《勝利の歌》（ブラームス）なども書かれました。ジャンルを超えて同時に時代が移り変わるので、さまざまな分野を横断的に学べる環境が大事だと思います。私は広瀬先生の執筆物に感銘を受けて青学に入学しました。将来は自分も文章を書くことをとおして、クラシック音楽を聴く人口を増やしたいです。（本田裕暉さん／三年）

※　比較芸術学科生の音楽以外の履修科目：発達心理学、現代思想、記号論、文化経済、物理、法律、文学、美術、芸術と法律、インターネットと法、医療社会学、イスラム史、ギリシア哲学史、ラテン語、など。

※　七名がこれまでに経験した楽器：ピアノ、エレクトーン、ヴァイオリン、チェロ、トランペット、ホルン、クラリネット、吹奏楽、ドラム、打楽器、和太鼓、ベース、歌、合唱、声楽、オペラ、指揮

※　有志による活発な広報活動：比較芸術学科は、学生有志による広報活動も活発である。学会報『HＩGEひげ会報』は比較芸術学会委員会が執筆・レイアウトを手がけ、学内で配布している。また比較芸術学会音楽研究会もあり、定例勉強会や会報制作、また日本フィル、読響、藝大フィル公演などに足を運んでいる［**26**］。

1 フランシス・プーランク『プーランクは語る——音楽家と詩人たち』(ステファヌ・オーデル編、千葉文夫訳、筑摩書房、1994)、p.28
2 久野麗『プーランクを探して——音楽と人生と』(春秋社、2013)、p.16
3 久野前掲書、p.111–112
4 プーランク前掲書、p.66–68/久野前掲書、p.129–131
5 久野前掲書、p.135
6 久野前掲書、p.178–181
7 久野前掲書、p.187–190
8 プーランク前掲書、p.111–112
9 久野前掲書、p.283
10 プーランク前掲書、p.64
11 Mytch Evangelista: "Ravel à La Cité des Eaux: A Literary and Musical Analysis of His Piano Masterwork Jeux d'Eau", (Boise State University, 2014), p.10
12 シュトゥッケンシュミット『モリス・ラヴェル——その生涯と作品』(岩淵 達治訳、音楽之友社、1983)、p117
13 マニュエル・ロザンタール『ラヴェル——その素顔と音楽論』(マルセル・マルナ編、伊藤制子訳、春秋社、1998)、p.194–195
14 ウラディミール・ジャンケレヴィッチ『ラヴェル』(福田達夫訳、白水社、2005)、p.161、p167、p.171–172
15 マーサ・C. ヌスバウム『経済成長がすべてか?——デモクラシーが人文学を必要とする理由』(小沢自然・小野正嗣訳、岩波書店、2013)、p.129–131
16 ジャンケレヴィッチ前掲書、p.173–174
17 ロザンタール前掲書、p.235–236
18 ソロモン・ヴォルコフ編『ショスタコーヴィチの証言』(水野忠夫訳、中公文庫、1986)、p.253
19 ヴォルコフ前掲書、p.275–276
20 久野前掲書、p.18–21
21 久野前掲書、p.292
22 ヴォルコフ前掲書、p.179
23 石川一郎『2020年度の大学入試問題』(講談社現代新書、2016)、p.34、p.134
24 山中伸弥、益川敏英『「大発見」の思考法』(文藝春秋、2011)、p.73
25 菅野恵理子『ハーバード大学は「音楽」で人を育てる——21世紀の教養を創るアメリカのリベラル・アーツ教育』(アルテスパブリッシング、2015)
26 菅野恵理子「音楽を深く学んだ社会人を育てる」、『今こそ音楽を!』(PTNA〔ピティナ〕、2015–16、ウェブ記事)、第5章「大学最新カリキュラム編」より転載

【コラム】

音楽も学ぶ？ 音楽で学ぶ？

——いまアメリカの大学では

アメリカの多くの大学には音楽学科がある（規模によって音楽学部・音楽学校の場合もある）。拙著『ハーバード大学は「音楽」で人を育てる』では、現在の音楽教育の傾向を三つに大別した。リベラル・アーツ（教養教育）の一環として「音楽も学ぶ」、専門教育として「音楽を学ぶ」、未来の人材育成教育として「音楽で学ぶ」の三つである。じつは歴史的にも音楽教育はこの順番で広まったのである。同書では大学における音楽教育の歴史的経緯も紹介したが、それを端的に示したのが次の図である。

大学における音楽教育の歴史

ヨーロッパからアメリカへの流れ

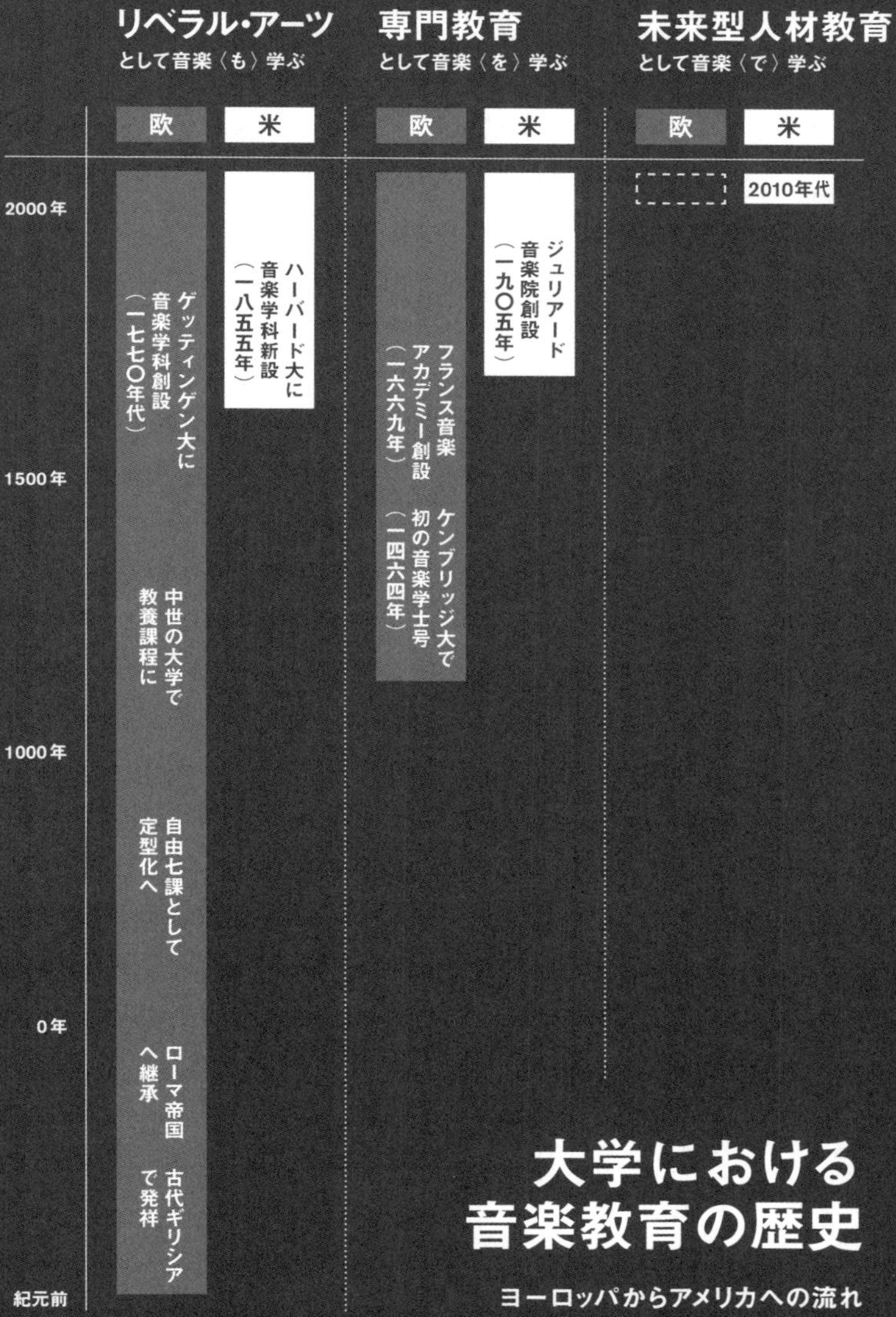

まず古代ギリシアからヨーロッパを中心に学ばれてきたのは、リベラル・アーツとしての音楽であった。それがアメリカへ渡り、一九世紀半ばのハーバード大学を皮切りに全米へ広がっていった。音楽人口が増えてレベルが高まるにともない、二〇世紀初頭にジュリアード音楽院が創設されるなど音楽専門教育がおこなわれるようになった。そして総合大学内でも音楽学部が、または音楽学校自体の設立というかたちで規模が拡大していく。現在アメリカの総合大学では、音楽を教養あるいは専門として学ぶことができ、いずれも理論・実践（パフォーマンス）の授業が多数開講されている。

さらに二〇一〇年代に入ると、アメリカでは「二一世紀スキルマップ」が提唱され、それらを高めるために各科目の授業をどう工夫すればよいかという問題提起がされるようになった。そのスキルとは、創造力、イノベーション、情報リテラシー、問題解決力、国際理解力、協働力などである。じっさいアメリカでは「創造力」を重視する企業トップが多数おり、アート関連の分野に寄付している企業の七二パーセントがアートは「創造力」「問題解決力」「協働力」を高めると回答している（Partnership Movement, Americans for the Arts）。「二一世紀スキルマップ」はK―12世代教育（幼稚園から高校生まで）から始まった動きであるが、これをいち早くとり入れた大学がスタンフォード大学である。次ページからは同大を含め、主要大学での音楽科目例をいくつか挙げる。

アメリカの総合大学で学ばれている音楽科目例

● ハーバード大学――音楽で新しい価値に向き合う

「傍観者としてではなく、当事者意識をもって音楽にもかかわってほしい」(トマス・ケリー教授)

――科目例「初日――五つの世界初演」

革新的といわれたモンテヴェルディ《オルフェオ》、ヘンデル《メサイア》、ベートーヴェンの交響曲第九番、ベルリオーズ《幻想交響曲》、ストラヴィンスキー《春の祭典》について、当時の評論や書簡などの一次資料を調べ、批評的な音楽の聴き方を学び、さらに学年末には新作委嘱曲の世界初演を聴く。

ハーバード大学のコンサートホール

● スタンフォード大学——音楽で創造的思考を深める

「芸術の役割は、複合的かつ多面的なもの。芸術はあいまいさを受け入れ、創造的に考え、問いかけ、また挑戦することを教えてくれる」（ジョナサン・バーガー教授）

——科目例「芸術へのイマージョン」

音楽・絵画・バレエ・演劇などの芸術が、歴史・文化・身体におよぼしてきた影響を読み解く。たとえば「厳粛さと軽妙さ」というテーマでは、芸術家がいかにパロディや風刺をとおして社会問題を訴えてきたかを、古今東西さまざまな音楽や芸術作品から考える。同大でもさかんな楽器演奏は、「創造的表現」と位置づけられている。

写真提供：スタンフォード大学

スタンフォード大学

● マサチューセッツ工科大学——音楽で文化的背景を知る

「世界の難題に立ち向かうには、技術や科学的創造に加えて、文化・政治・経済活動を営む人間そのものの複雑さに対する理解が必要である」（大学公報）

——**科目例「西洋音楽史入門」**

オペラの舞台演出が時代によってどう変化したか、交響曲がどう聴取されてきたかなど、楽曲の時代背景とその意味を多様な角度から学ぶ。音楽が感情や事象をどう伝えているか、楽曲様式・形式からわかるストーリーテリングの手法など、各自専門分野に活かせるアプローチも。同大学では約二〇〇〇名が音楽科目を履修しているそうだ。

マサチューセッツ工科大学

●カリフォルニア大学——音楽で世界を体感する

「たとえば民族音楽学は社会学と人文学の組み合わせであり、文化研究のひとつである」（ボニー・ウェイド教授）

——科目例「東アジア伝統音楽」「アフリカン・ダンス」

日本、韓国、中国などの音楽を学ぶ。部分的に歴史を共有しながらも、同じアジアといえど、楽器の発展やヨーロッパ文化の受容に違いがあることを知り、自他の国に関心をもつ学生が増えるという。楽器コレクションも充実。アフリカン・ダンスでは履修生全員が裸足で踊る！　パフォーマンスをとおして身体全体で音楽を学ぶ。同大学では一九一〇年代より音楽史、その後に音楽学、民族音楽学、ソルフェージュ、聴音などを扱い、しだいにパフォーマンスも重視されるようになった。

カリフォルニア大学バークレー校「アフリカン・ダンス」

第４章

フロンティアとして道を創る人

普遍的な原理を知り、新しい時代に活かす

いま、私たちは時代の転換期にいる。既存の価値観が揺らぎ、それに替わる新たな価値観が出現してきている。情報が可視化されるいま、それがさまざまな混迷や葛藤も生み出している。これから何をどう信じればいいのか？　何に発展性があり、何に将来を託せるのか？

時代の変わり目には多様な価値観が混在し、そんなとき人々はたしかなものを依りどころにしたいと思うものだ。このことは昔から変わらない。じつは古代ギリシア時代に生まれたリベラル・アーツは、古代から中世に移行する過渡期に教科数が定まり（自由七課）、以後カトリッ

ク修道院や大学へ受け継がれていった［**1**］。つまり、古代ローマ帝国滅亡とほぼ同時期に、基礎教養として学ぶべきものとして枠組みが整えられたのであった。いっぽうでキリスト教や超自然的な力への信仰が深まっていたことも、この時代を象徴している。

新しい価値観が、一時的な熱狂なのか、次の時代を切り開くものなのか、それとも普遍的なものなのか。それを生み出すにも、見定めるためにも、鋭い先見性と勇気が必要である。二一世紀のわれわれは、何千年もの歴史を振り返ることで、フロンティアとして時代をリードしてきた人々の叡智《えいち》を知ることができる。たとえば芸術家や音楽家は、柔軟な感性でいちはやく時代の流れを読み、それを表現してきた。その洞察力や発想力に、いまの時代を生きるわれわれへのヒントがあるだろう。彼らが拠りどころとしたのは、何だったのだろうか？

創造者に学ぶ

J・S・バッハ

技法を汎用化し、精神を普遍化する

●地平線を大きく広げる力――研究と実践を繰り返して創造へ

ドイツの作曲家ヨハン・セバスティアン・バッハ(一六八五~一七五〇)は、先祖代々音楽家を輩出してきたバッハ家に生まれた。一七世紀後半というと、音楽史でいえばバロック時代も終盤に差しかかり、古典派時代へ移行しかけていた時期だ。彼の運命はそのときに決まっていたのかもしれない。バロック時代を「総括する人」として、また、バロック以降の西洋音楽の土台を「開拓する人」として。

バッハの家系をたどると、優れた音楽的才能を示し、音楽関連の要職を得ていた者も多かった。なかでも、バッハより半世紀ほど前に生まれたアイゼナハ宮廷オルガニスト、ヨハン・クリストフ・バッハは、並外れたハーモニー感覚があり、五声部以下の曲は弾いたことがないといわれる。また当時としては大胆な増六度の和音を用いたモテットや、二二声部からなる教会音楽なども書き、どれも和声的には濁《にご》りなく澄み切っていたという［**2**］。このような家系に、ヨハン・セバスティアン・バッハは生を享《う》けた。

　音楽的才能を受け継いでいるとはいえ、バッハはたゆまぬ研究と実践の人だった。彼はまだ一〇歳に満たないころに両親を失ったため、兄のもとへ預けられ、そこでクラヴィーア（当時の鍵盤楽器の総称）の手ほどきをはじめて受けた。兄がもっていた門外不出の楽譜をひそかに引っ張り出し、夜な夜な写譜したこともあった（あとで兄に見つかり没収）。一〇代のころに通っていたラテン語学校のひとつでは、ラテン語、ギリシア語、聖書神学の初歩を学んだ。また別の学校ではさら

ヨハン・セバスティアン・バッハ

らにヘブライ語、ドイツ詩学、物理学、数学、論理学、ギリシャ哲学、古代ローマ時代の修辞学で知られるキケロなどを学んでいる。バッハ研究者の樋口隆一氏は、これらに加え、ハインリヒ・トレ著『ゲッティンゲン修辞学』にもとづいて学んだことが、バッハの音楽における修辞学的教養の基盤となったと考察している［3］。修辞学といえば、古代ギリシア・ローマ時代から受け継がれるリベラル・アーツで、言語にかんする三科目のひとつである。中世の大学ではこれに加えて、数学にかんする四科目が必修であった。バッハは大学出身者ではないが、人文学で名高い学校において基礎教養は積んでいたのである。

めきめきと頭角を現したバッハは、二〇歳になる前にオルガン奏者としてアルンシュタットの教会に雇われる。そしてさまざまなオルガン作品を熱心に研究しては、作曲の勉強に勤しんだ。また当時大家として名を成していたディートリヒ・ブクステフーデのオルガン演奏を聴くためにリューベックまでおもむき、三カ月もそこで学んだ。真偽のほどはわからないが、四〇〇キロの道のりを徒歩でおもむいた、という説もある。

このような旺盛な研究意欲の源泉は、頭のなかで想像している音を完全に表現したいという欲求、そして勤める先々で求められた新たな音楽であろう。バッハが二〇代のころに仕えたワイマールでのこと。ヨハン・エルンスト公子がオランダ留学のさいに、ヴィヴァルディの協奏曲を含む多量の楽譜を買いこみ、バッハにオルガンやクラヴィーア独奏用の編曲を委嘱した。バッハはヴィヴァルディのヴァイオリン協奏曲をすべてクラヴィーア用に編曲することをとおして、明晰《めいせき》な構成、楽想の処理、転調の方法、ハーモニーの作り方などを学んだ。他人の作品の写譜をとおして学ぶことはよくあるが、ヴァイオリン曲をクラヴィーア曲に編曲することは、たんなる写譜以上に、音楽的に考えることを余儀なくされる。ほかにも、フレスコバルディ、パッヘルベル、フィッシャー、ブクステフーデなどのほか、フランスの古いオルガニストなどの和声とフーガの技法を学んだ［**4**］。同時代の名だたる作品はほぼ目をとおしたのではないだろうか。またエルンスト公子はアムステルダムで体験した、オルガン演奏の新しいトレンドをバッハに伝えている。バッハは後年、これらの様式を用いて《オルガン・ソナタ》と《イタリア協奏曲》を作曲した［**5**］。

研究するだけでなく、すぐ実践することも欠かさなかった。昼に学んだことをもとに、夜には創作・演奏するといったスピードで。そうした、いわばアクティヴ・ラーニングを繰り返すうちに、多様な技法とその実践的用法を完全に習得し、咀嚼《そしゃく》し、それらを参照せずとも自らの創意をじゅうぶんに反映できるまで、身体と脳に刻みこんでいったのである。バッハの死から半世紀後、一八〇二年にはじめてとなるバッハの評伝を著した音楽家で音楽学者のヨハン・ニコラウス・フォルケルは、こう述べている。「要するには、バッハのあの驚くべき技法は、正に、これまで述べたいろいろの芸術手段を、このようにいつも変わらず軽やかに応用することにあった。彼の選んだ芸術形式が、どんなにやさしい、あるいはどんなにむずかしいものであろうと、彼がそれを扱う扱い方は、いつも同じく軽やかで、同じく適切だった。(……)彼は、目指した目標には必ず達している。すべてが完成され、それ自身として完璧なものになっている」[6]。あらゆる技法を完璧に自分のものにし、それを自分のなかで融合させ、新たな楽想として再創出していく。エネルギーが身体の内から湧き出るがままに、まさに生命の鼓動のごとく。ここにバッハの独創性がある。

このようにしてバッハは、三〇歳になるころにはケーテンの宮廷楽長、コンサートマスターに任命された。

●すべての調性をコンプリート

そんなバッハが二四の全調を用いた《平均律クラヴィーア曲集》第一巻(BWV846〜869)を

出版したのは一七二二年、三七歳のころだ。一二の長調、一二の短調すべての調による前奏曲とフーガで構成される。ケーテンでの最終年、そして生涯とどまることになるライプツィヒのトーマスカントル(聖トーマス教会の教会音楽指導者)として任命される前年のことであった。カルヴァン派であったケーテンの宮廷では教会カンタータの演奏の機会はあまりなく、バッハは教会音楽からいっとき離れ、クラヴィーアなど器楽曲の作曲に没頭した。《平均律》はハ長調の前奏曲とフーガから始まり、主音が半音ずつ上昇していき、最後はロ短調にいたる。これに続く第二巻(BWV870〜893)は二〇年後、一七四二年に完成している。

なぜこれが画期的だったか? それは、当時はまだ珍しかった平均律(一オクターヴを一二の半音に均等に分割すること)の理論をふまえていること、そして二四すべての調において、可能なかぎり音楽表現の幅を広げたことである。原題は「よく調整されたクラヴィーア」という意味で、「平均律」という言葉はそこにはない。じっさいにバッハが使用していた音律は不等分平均律であるが、この作品はたしかに平均律の考え方にもとづいている。一八世紀当時は、ピュタゴラス音律、純正律、中全音律、不等分平均律、等分平均律などが混在し、音階も教会旋法が一般的であった。そのなかで、未来につながる筋道を作ったといえよう。

少し音律の歴史をたどってみよう。古代ギリシアの数学者ピュタゴラスにより、完全協和音として八度（一オクターヴ）、そして四度や五度の音程が発見され、それらが単純な周波数比で成り立っていることが解明された（完全八度は１：２、完全五度は２：３、四度は３：４）。この美しい整数比は、自然の摂理、神の意志と信じられた。しかし、ある問題が浮上した。ピュタゴラス音律はその完全五度を繰り返して求められるが、やがて同じ音（嬰ロ音とハ音）でも音の高さに微妙なズレが生じてくる。また長三度が美しく響かないという問題もあった。理論と実践のあいだに生じたこの乖離《かいり》は、当時の人々にとっては大きな議論の的であった。やがて自然倍音列の考え方が出てくる。これはある音を鳴らすとその整数倍の振動数をもつ音が共鳴し、それを積み重ねてできる音列である。これをもとにできたのが純正律である［**7**］。

中世においてはこの純正律が広まり、自然倍音列の第三音である完全五度が神々しく美しい響きとされ、教会多声音楽の終止形に使われた。そしてルネサンス期に入ると、自然倍音列の第五音である長三度が、新たな協和音程として意識されはじめた。この長三度を優先したのが、中全音律である。ミーントーンともいう。

いっぽう、これらとはまったく異なる見地から、平均律の開発・導入が始まった。それは特定の和音を美しく響かせることよりも、いかに多くの調を自在に使うか、という合理的な考え方にもとづいている。純正律や中全音律は使える調がかぎられてしまい、転調や移調にも制限がある。作曲家や演奏者からはすでに、多くの調を使いたいという欲求が出てきていた。平均律は各一二音を主音とするすべての長調・短調を同じ調律のまま演奏でき、また異なる調に含まれるが同じ音を異名同音として扱うので転調しやすい。純正律と比較すると多少響きが濁らざるをえず、平均律の採用を躊躇《ちゅうちょ》・批判する意見も多かったが（音程をいかに解釈するかは、古代から中世をとおして議論の的であった）、これによって西洋音楽は本格的に新しい時代を迎える。

この新しいシステムを歓迎したバッハは、表現の自由、表現の拡張化に挑んだ。そしてすべての長調・短調で曲が作れることを実証し、曲中の転調も自在におこなったのである。奇しくも《平均律》第一巻の刊行と同じ一七二二年、フランスの作曲家・音楽理論家ジャン＝フィリップ・ラモーは『自然原理に還元された和声論』を著し、等分平均律をもとにした和音の展開形や根音の理論を導き、和声理論を近代のそれへ近づけた。いかに平均律の応用実践が進んでいたか、次のような考察がある。

「（……）調性は一七二二年にはまだ完全に理論的な分析をされてはいなかったが（調性という名称自体、ようやく生まれようとしていたにすぎない）、作曲家は機能的な関係の実用的な体系として熟知していた。バッハの作品からだけでも四音和音（多種多様な和声外音によって生み出される経過的な集合音）と、いろいろな根音進行（三全音による進行のように、〔ナポリの〕和音連結いらい普及した、もっとも遠い関係の音へ進む形をも含む）の例を大部分見つけられるだろう」［**8**］

バッハは《平均律》以前には、調号が四つ以上の作品を書いた事実はなかった。そこで調号の多い調は、はじめに調号の少ない調で書き、あとから移調していることがわかっている。♯や♭が五つ以上の第八番（ホ短調／ニ短調→変ホ短調／嬰ニ短調）、第一八番（ト短調→嬰ト短調）、そしてハ短調からロ短調へ移調した第二四番である［**9**］。なかでも第八番では、前奏曲とフーガで調号を変えているが、それは主音が異名同音であることを示している。こうして平均律の特徴を最大限に活かしたのであった。

じつはバッハ以前にも全調および多様な調で作曲を試みた人々がいた。一七〇二年には、J・C・F・フィッシャーが二〇の長調・短調を用いた前奏曲とフーガからなる《アリアドネ・ムジカ》を出版しており、これをバッハは学んでいる。しかし二四すべての調を使い、芸術作品としても完成度が高い曲を書いたのは、バッハであった。まるでこれが教典のような存在になることを予見していたかのようだ。

それだけでなく、バッハはある仕掛けをしている。第一巻の二四調を半分に区切ると、前半と後半で鏡のような対称構造になっている。まず古様式で書かれた五声部のフーガが前半後半に一曲ずつ、また前半は三声部フーガが七曲、後半は四声部フーガが七曲。このような左右対称の美しい構図は、十字架のかたちを模していると考察されている［10］。三、四というのはキリスト教では聖数とされている。さらに前半最後（第一二番）のフーガではテーマの応答に、後半最後（第二四番）のフーガではテーマそのものに一二音すべてが現れ、まさにこの曲集の目的を完全に果たしたことが指摘されている［11］。なおバッハが生徒に与えた筆写譜の末尾には、SDG（Soli Deo Gloria、「ただ神にのみ栄光」の意）という書きこみがある。この一言に、バッハの芸術に捧げる信仰心が表れている。まさにバッハの属していたルター派の祖、宗教改革者マルティン・ルターが唱えた「音楽は神の賜物」と一致するのだ。

この曲集は後世の音楽家に多大な影響を与え、ショパン《二四の前奏曲》op.28、ショスタコーヴィチ《二四の前奏曲》op.34、《二四の前奏曲とフーガ》op.87などが生まれている。バッハが開拓した平均律の可能性はその後広がり、自然な音楽の流れのなかに変化をもたらす近親調への転調だけでなく、意外性のある遠隔調への転調や異名同音による転調をする曲も増えてくる。調性音楽が飽和状態に達するロマン派後期から近現代にかけては、調性の曖昧な曲や無調の曲も出現する。二〇世紀初頭、アルノルト・シェーンベルクが提唱した十二音技法は、主音がなく一二の半音すべてが平等に扱われる。これは音楽におけるヒエラルキーからの脱却ともいえる歴史的大転換であった。シェーンベルク自身、数多くのバッハ作品を管弦楽用に編曲しており、その時期と十二音技法の発見が重なることが指摘されている［**12**］。

●技法の汎用性、精神の普遍性を求めて

バッハの特異な点は、後世に伝えるべく、技法を体系化・普遍化していたことである。研究者および演奏実践者としての立場で、自分が学び生み出してきたもののすべてを、あとに続く者も再現できるようにした。さすが一時代を総括することとなった人の発想である。たとえば自分の息子たちや弟子に教えるために書いた《ヴィルヘルム・フリーデマン・バッハのためのクラヴィーア小曲集》は、のちに《インヴェンション》BWV772〜786と《シンフォニア》BWV787〜801などにまとめられたが、これらは技術や表現を学ぶだけではなく、創造する力を養うためにも書かれている。

したがってさまざまな趣向の曲が、演奏と作曲を同時に学べるように体系化されている[13]。一般にインヴェンションという言葉は創造・創意という意味だが、この作品においては、必要な音楽的要素・技法を段階的に習得し、最終的には自らの創意を駆使して弾けるように、という思いがこめられている。まさに学びの達人であったバッハらしい配慮だ。そして体系化ということでは、彼が学生時代に学んだ修辞学がここでおおいに力を発揮することになる。樋口隆一氏によれば、「修辞学の体系においては、まず何を語るべきか、すなわち着想（インヴェンツィオ inventio）を得ることから始まり、全体の配置構成（ディスポジツィオ dispositio またはコロカツィオ collocatio）を決定し、さらに細部に彫琢（エラボラツィオ elaboratio）を加える。そしてしかる後にはじめて発話（プロヌンツィアツィオ pronuntiatio）ないし表現（エロクツィオ elocutio）へと至るのである」[14]。つまり思いついたまま表現するのではなく、それを展開・発展させて全体像を構成し、さらに細部を入念に作りこんでいく、というプロセスが欠かせない。これは芸術作品にかぎらず、物事を創るうえでは必要なプロセスである。《インヴェンション》という曲名じたいが修辞学の用語を転用したものであり、そうした方法が当時の作曲法に応用されていたことを示している。

バッハは作曲手法だけでなく、作品のなかにも修辞学的要素を入れこんでいる。さきほど軽く触れた聖数である。三位一体の三、四大元素の四、それらを足したり、掛け合わせることによって得られる数字を音程に置き換えるなどして、バッハが好んで作品中にもりこんでいたことが、多くの研究者により指摘されている。集大成ともいえる大曲ミサ曲ロ短調ＢＷＶ２３２はミサ通常文を二七（三の三乗）の部分に分けているが、これも聖数である。神の存在を永遠に作品に刻みたい、そんな思いを感じる。

バッハはまた、汎用性を求めた。その最たるものが《フーガの技法》ＢＷＶ１０８０である。バッハ最晩年に書かれ、絶筆となったこの作品は、彼が生涯をとおして追究したフーガ技法の総決算であるが、これには楽器の指定がない。クラヴィーアを想定しているという説もあるが、どの楽器でも応用可能な作品、という一大テーマに取り組んだのだろう。

つまりバッハ究極の願いとは、二つ以上の領域や分野において互換できること、あらゆる時代に通用すること、普遍的であること、永遠であること、と言い換えられるかもしれない。その背景には宗教的な事情もあった。領邦国家であったドイツは、地域によって宗派・流派が異なっていた。カトリックとプロテスタントという宗派の違い、プロテスタントのなかでもルター派とカルヴァン派の流派の違い。領主が信奉する宗派・流派の違いによって政策も変わり、社会的待遇から教育方針までが変わってくるという時代だ。プロテスタントのルター派であったバッハは、カルヴァン派を信奉するケーテン侯国では社会的な不合理をこうむることもあったが、ケーテン侯国宮廷楽長として一〇年近く奉職した。いっぽうで、ザクセン選定侯にカトリックの典礼音楽であるミサ曲を献呈したこともある（ザクセン侯国はもともとルター派であったが、一七世紀末以降、ポーランド・リトアニア王を兼任した選帝侯のみカトリック信者という複雑な状況になっていた）。「宮廷作曲家」の称号を得るための請願書に添えられたものではあるが、音楽という普遍的な世界においては、何事も競い合うことのない調和がある。そう信じていたからこそ、できたことだろう。バッハ晩年にまとめられたミサ曲ロ短調のように。当時のカトリック典礼では、ラテン語の通常文（キリエ、グローリア、クレド、サンクトゥス、アニュス・デイ）に曲をつけたミサ曲が使われたが、プロテスタントのルター派では、それをドイツ語讃美歌に読み替えて歌っていたほか、カンタータが充実していた。ミサ曲ロ短調では、すでに書いたカンタータを、ミサの各楽章に転用していることがわかっている[**15**]。バッハの作品ではこのように、ある曲の一節や一部をほかの曲に転用すること（パロディ）がしばしばおこなわれている。ドイツ語の教会カンタータから、ラテン語のミサ曲への転用は、宗派をも超えている。それはバッハの真の願いだったのである。

●時を超える自由精神

このようなバッハの自由で柔軟な精神は、青年期の活動にも表れていた。バッハは礼拝でのコラール演奏に、たびたび耳慣れない音を取り入れて会衆を戸惑わせたとして、聖職会議にて釈明を求められたことがあった。バッハ二〇歳前後のことである[**16**]。

曲のなかにもその気質が表れている。たとえば、フーガのテーマや、独創性に富んだその展開の方法だ。バッハ・コレギウム・ジャパンを創立し、指揮者、チェンバロ奏者、オルガニストとして世界的に活躍する鈴木雅明氏によれば、《平均律クラヴィーア曲集》ではテーマの逆行形、拡大形、縮小形などヴァラエティの豊かさだけでなく、三拍も休みがあるテーマ（第一巻第一九番イ長調のフーガ）があったり、《半音階的幻想曲とフーガ》ＢＷＶ９０３では半音階から開始し、テーマが提示された次にはそのリズムを変形させるなど、禁則破りも多い。バッハがフーガの完成者といわれることに対し、鈴木氏は次のように述べている。

「じつは完成どころか、うんとその枠を広げてしまったところがあるんです。バッハにとっては、フーガという名のもとにさまざまな表現を模索するということ自体が大事だったんですね」[**17**]。この

子供たちにも親しまれているバッハ（ライプツィヒのバッハ博物館にて）

ようなバッハのチャレンジ精神旺盛な資質や柔軟性は、バッハの家系に由来しているものとも考えられる。バッハ一族は、年にいちどは親族で集まり、ともに音楽を奏でては再会を楽しんだ。宗教にかかわる職に就いていた者も多かったため、宴は賛美歌で始まるものの、その後は世俗歌に移り、さまざまな旋律や歌詞をアドリブで自在に組み合わせて歌う「クオドリベット」という即興音楽にも親しんだ。いかにも世俗文化の象徴といった感じである［**18**］。こうして聖俗あわせもつ、清濁あわせのむ、といった両面性がバッハにも少なからず宿っており、それがその創造性を大きく開かせたのかもしれない。壮麗で敬虔な教会音楽を書いたバッハ、家庭でも演奏できるクラヴィーア曲を書いたバッハ、自分の子孫や後世に残すための教材用芸術作品を書いたバッハ、二〇人の子どもをもち大家族をなしたバッハ。神への捧げものであり、庶民の慰めでもある音楽を脈々と受け継いできたバッハ家に生まれた者として、そして、バロック時代の末期に生まれた者として引き受けた宿命であったのだろう。

この曲を聴いてみよう！ ――J・S・バッハ

○ 二四の全調を用いた作品

【クラヴィーア曲】《平均律クラヴィーア曲集》第一巻ＢＷＶ８４６〜８６９、第二巻ＢＷＶ８７０〜８９３

○ 普遍性をめざしたバッハの集大成的作品

【宗教曲】《ミサ曲　ロ短調》ＢＷＶ２３２

創造者に学ぶ

ドビュッシー

身体感覚で未知の世界を開拓する

● 地平線を軽やかに越える力――型破りか、独創的か

J・S・バッハから約二〇〇年後、ロマン派で隆盛をみた調性のシステムが終焉に近づき、西洋音楽は新たな時代を迎えようとしていた。その先駆者のひとりが、フランスの作曲家クロード・ドビュッシー（一八六二～一九一八）である。ピアノ曲〈月の光〉（《ベルガマスク組曲》第三曲）、管弦楽曲《「牧神の午後」への前奏曲》、オーケストラのための交響的スケッチ《海》、バレエ《ペレアスとメリ

ザンド》などで知られている。〈月の光〉《海》のように、霞《かすみ》がかったような、音が自然に溶けこんでいくような表現が独特である。彼が生み出した曲には、いままでのルールを外れてでも表現したい、という強い欲求が隠れている。

ドビュッシーは早くから音楽の才能を示し、一〇歳のころにパリ音楽院へ入学した。その風変わりな個性と才能は、つねに議論の的であった。最初のピアノ科教師アントワーヌ・マルモンテルは、この少年が読譜、聴音、基礎に優れ、「正真正銘の芸術家的気質。優れた音楽家になるだろう」と予見していた。マルモンテルは、ショパンの生演奏を何度も聴いたことがあり、門下にはビゼーやアルベニスなど才能ある作曲家がいたという人物である［**19**］。

しかしほかの教授からは「才能はあるが、軽率である」と烙印《らくいん》が押されることもしばしばであった。しかしそれは軽率というより、確信犯だったのである。ドビュッシーは和声のクラスで、その伝統的で画一的な教育法に対してあからさまに疑問を呈するようになる。友人いわく、「先生の期待する和声づけを見出す代わりに、彼はいつも目的を越え、創意工夫に富み、優雅で魅力的だが、少しも学校的ではない解決を考え出し、良い教師だが、柔軟性に欠けたエミール・デュランは、そのことで彼を厳しく非難するのだった」と、ドビュッシーの真意を見抜いていた。ドビュッシーはなおも音楽上の規則を破りつづけ、しまいにはバス課題の和声付けで「五度やオクターヴ重複の誤り」が半ダースも見つけられ、成績さえつけられぬままクラスから名が抹消された[20]。

しかし周囲の声を気にすることなく、ドビュッシーは新しい作曲語法をどんどん身につけていく。ちょうどこのころ、フランスとロシアの音楽交流が深まりつつあった。一〇代最後の年、チャイコフスキーのパトロンであったフォン・メック夫人を紹介され、夏のヴァカンスのあいだ、三度ロシアにおもむき、伴奏者兼ピアノ教師として彼女のもとに逗留している。グリンカ、バラキレフ、リムスキー＝コルサコフ、ボロディン、チャイコフスキーなどの作品に触れたほか、街並みを散策しながら極彩色のロシア正教会を目にし、その豊かな色彩感も目に焼き付けたことだろう。その後ドビュッシーはムソルグスキー作曲のオペラ《ボリス・ゴドゥノフ》の楽譜も研究した。図書館でその楽譜を閲覧するドビュッシーの姿や、何週間にもわたり自宅のピアノの上に開かれたままの楽譜が目撃

クロード・ドビュッシー

されている。ロシア五人組のひとりツェーザリ・キュイは同作品の革新性・現代性を指摘しているが、その楽譜からドビュッシーが霊感を得て、自身のオペラ《ペレアスとメリザンド》などに投影させたといっても不思議ではない［21］。

また一八八九年のパリ万国博覧会では、ガムランなどの東洋特有の音楽や楽器に魅了された。「一本のクラリネットが感動をよびおこし、一基のドラが恐怖をもたらす。それですべてだ。大掛かりな劇場もなければ、かくされたオーケストラもない。本能的な芸術への欲求があるばかりだ」［22］。ドビュッシーはこれに大きなインスピレーションを得て曲を書いた。たとえばピアノ曲〈塔〉（《版画》より）には、オリエンタルな響きの重なり合いがある。まるでガムランのドラが一音一音鳴らされるように、茫洋とした響きがどこへ向かうともわからない、得もいわれぬ神秘の世界が目の前に広がっていく。

ドビュッシーがインスピレーションを受けたのは異国の作品だけではない。教会で聴いたグレゴリオ聖歌やパレストリーナなどのルネサンス音楽、J・S・バッハなどのバロック音楽も好んでいた。またパリ音楽院では一八八七年から古代旋法や民謡を講じていたクラスがあった。出席簿が残っていないが、作曲科生は必修だったことから、ドビュッシーも受講していたのではないかと推測される

［23］。ドビュッシーは後年、古代や中世の教会旋法や全音音階を用いて曲を書いている。たとえばピアノ曲《沈める寺》（前奏曲集第一巻より）は全音音階や複数の旋法がつぎつぎと出現し、全体としてとらえどころのない揺らぎを感じる音楽となっている。ほかにも管弦楽曲《「牧神の午後」への前奏曲》、ピアノ曲《ピアノのために》などにその例が見られる。これらが調性音楽の根幹を崩し、新たな時代を呼びこんだのであった。

ドビュッシーは、ワーグナーに心酔していた時期もあった。しかしバイロイトでじっさいの演奏を聴いてからは、一転してその思想からの脱却を図った。ドイツを中心とした後期ロマン主義全盛期であった当時、ドビュッシーは純粋なフランス精神を取り戻すべく、彼なりの語法を模索したのである。

● 対象の深層に入りこむと、境界線が消える

ドビュッシーの知的好奇心はとどまるところを知らず、「辞典を読むのが好きだった」と元恋人ヴァニエ夫人も証言している［24］。パリ音楽院時代を通じて、そしてローマ大賞受賞者としてヴィラ・メディチに三年間滞在したあいだにも、多くの書物や芸術作品に触れた。なかでも多大な影響を受け

たのは、象徴主義の詩人や画家などであった。とくに詩人のシャルル・ボードレール、ステファヌ・マラルメ、ポール・ヴェルレーヌ、画家のオディロン・ルドン、エドガー・ドガなどである。パリに戻ってからはマラルメが主宰した「火曜会」にひんぱんに出入りし、同時代の名だたる芸術家や音楽家と交流した。エリック・サティもそのひとりである。数年後ドビュッシーはマラルメの詩『牧神の午後』をもとに《「牧神の午後」への前奏曲》を書いているが、ドビュッシーが彼らに共鳴したのは、その魂の躍動である。表面的な技法や表現されている姿形よりも、それらが暗示しているもの、象徴するもの、その内奥にひそむ精神、深層心理、夢想、といった深層にある要素に惹かれたのだ。象徴主義者とはどんな思想をもっていたのだろうか。

「象徴主義者たちは、世界のあらゆる要素が互いに結ばれあっているという、確信を持っていた。（……）いま、もし、藝術は静かに観照するためにつくられるものではなく、生の創造に加わるものでなければならない、そのすべての形態のうちにはいりこんで、ただ人間の日々の糧であるばかりでなしに、彼が創造を必要とすることの一表明であるような、人間の道具ともならなければならない、と言えるのであれば、これも、たとえ審美主義とマニエリスムが付随するにせよ、まさしく象徴主義のおかげである」［**25**］。ここで、その代表格であるマラルメの考え方に触れてみたい。マラルメは「現実として見えるこの世の背後には観念（イデア）がある」という見方をしていた［**26**］。

「（……）「物を描くのではなく、その物が作り出す効果を描くのだ」つまり、水ではなくその冷たさを、風ではなくその熱さを、笛ではなくその音色を描く、ということです」［**27**］。この感覚をドビュッシーも共有していた。たとえば管弦楽と女声合唱による《春》（第一稿。のちに交響組曲となる）は、女神ヴィーナスを中心に据えたボッティチェリの絵画『春』から着想を得たといわれているが、作曲の意図について本人が手紙にしたためている。これはマラルメに出会う前、一八八七年にローマ大賞褒賞で滞在したヴィラ・メディチで書いたものだ。以下は、ありきたりの音色でない音楽、感覚にできるだけ多くのものをもたらすはずの音楽を書きたい、という意志表示に続けての言葉である。

ボッティチェリ『春』

『春』、描写的な意味ではなく、人間的な側面から考えての、春です。自然のなかで生のあるものも無いものもゆっくりと、そして苦しみながら萌えて出て、それから上にむかって花開き、ついにはいわばですね、新しい生命に力をよみがえらせて、はりさけるばかりの歓びに終る。そうした次第を表現したいのです」[28]。「春」や「花」という形態や様子を模写するのではなく、春という季節に花の生命が満ちていく喜びという暗喩を表現したのである。静のなかにある動、躍動感、生命力、息吹。そういった形状としての美の深層にある生々しい官能性こそが、ドビュッシーの心をとらえ、筆を動かしたのである。そしてその音楽は聴き手に、手触り、官能性、香り、色彩といった五感を呼び覚ます。それは彼自身が対象に深く入りこみ、その鼓動や律動を、自らの肉体と感覚をとおして感じとり、抽象化し、音をとおして自分の作品に投影しているからではないだろうか。

一八八八年、芸術院（アカデミア・デ・ボザール）による報告書のなかで、《春》は次のように評価されている。

「彼のうちには音楽の色彩にたいする感覚（サンチマン）が認められる。その度が過ぎるため、彼は、デッサンの正確さと形式とがたいせつであることを、あっさり忘れてしまう。この漠然とした「印象主義」は、藝術作品のもつ真実をそこなうもっとも危険な敵の一つであるから、うっかり心をゆるさぬように、強く彼にのぞみたい」[29]。ドビュッシーはこの曲において慣習を打ち破り、長調・短調におさまりきらない旋律的動機や、全音音階などの使用、果ては女声を楽器同然に扱う、といったことを試みていた。たしかに女声パートには歌詞がなく、楽器とともに、楽器のように、ハーモニーをつくっている。そしてこの女声がまるで、春の到来を告げるヴィーナスの息吹のように聞こえてくるのだ。ドビュッシーにとっては構成や形式の正確さよりも、色彩感や官能性を呼び起こす力が重要なのであって、これは批判というより、むしろ賛辞と受け取ったのかもしれない。

じっさいドビュッシーが描く自然からは、まるで擬人化されたように、生き生きとした生命感や躍動感が伝わってくる。オーケストラのための交響的スケッチ《海》には、〈海の夜明けから正午まで〉〈波の戯れ〉〈風と海の対話〉の楽章名がついている。ピアノ曲では〈雪が踊っている〉(《子どもの領分》より)、〈葉ずえを渡る鐘〉〈そして月は廃寺に沈む〉〈金色の魚〉(《映像》第二集)、〈野を渡る風〉〈音と香りは夕暮れの大気のなかを漂う〉〈雪の上の足跡〉〈西風が見たもの〉〈霧〉〈枯葉〉〈月の光が注ぐテラス〉(《前奏曲集第一巻》《同第二巻》)などがあるが、どれも肉感的であり、想像力をかき立てられる。またドビュッシーはショパンに格別の敬意を払っていた。ドビュッシーはピアノを教えていた時期もあったが、とくにショパン《舟歌》の精確な演奏を生徒から引き出そうとしていた[**30**]。《舟歌》もまた、波間にたゆたうゴンドラが人間の心理の動きを暗示していると感じられる作品だ。

まず想念があって、肉体で感じて、音になる。それは彼の私生活も変わりない。ドビュッシーは自らの感情を代弁するかのように、共感した詩人の言葉を用いて歌曲なども書いている。二〇歳前後で恋仲となった年上のマリー・ヴァニエ夫人に献呈された歌曲は、内気な青年が熱い想いを秘めていることが伝わるような詩を選んでいる。ソプラノの歌い手であった夫人は、それを見事に歌ったそうだ［**31**］。同時代の作曲家フランシス・プーランクは、ドビュッシーの非凡な詩の選び方、テクストの解釈、韻律法など、詩と曲がみごとに融合していることを高く評価している。「優れた詩を選びとることによって、ドビュッシーはテクストのなかに深く入り込むのです。そして奥に隠された秘密、その余白、その沈黙までをも捉えるのです」［**32**］。

人間の内なる衝動、自然の内なる律動——ドビュッシーは、並外れた直観と観察眼をともなって、それらが語りかけてくるメッセージにじっと耳を澄ませたのだ。人間は社会の生き物であると同時に、自然の生き物でもある。ドビュッシーの音楽は、まさにその人間と自然が呼応し、交差したところに生まれ出たのだった。研究者ステファン・ヤロチニスキ氏は、ドビュッシーのほとんどの音楽が、「沈黙から浮かび出て来、沈黙のうちにときとして消え沈黙に帰る」として、作曲家自身による楽想の指示例を挙げている。和訳部分のみ一部引用する。

「影を薄くして行って《霧》。遠ざかって《中断されたセレナード》。聞こえなくなって行って・姿が失われて行って《マンドリン》《あらわれ（まぼろし）》《夢に》《感傷的な対話》《セイレーンたち》。だんだんゆっくり、そして弱く、しだいに消え入るように《牧神》《亜麻色の髪の乙女》《名のない墓碑のために》《イベリア》第一楽章、《おもちゃ箱》《聖セバスチャンの殉教》。（……）ほとんどないに等しく《装飾音のための練習曲》《反復音のための練習曲》。ピアニシモで優しく遥かに《イベリア》第二楽章。ほとんどもう何もないかのように《牧神》《感傷的な対話》。《雲》は、弦楽器群の*pppp*で終わる」［**33**］

●内なる衝動、生命の律動に共鳴して

ドビュッシーはよくも悪くも、人間の本質のすべてを——合理的で割り切れないもの、魂、夢、想念、業の深さ、背徳も含めて——本能的に知り、経験もしていたのだろう。得体のしれない恐怖や悪夢に対しても抗えない魅力を感じ、エドガー・アラン・ポーの小説『アッシャー家の崩壊』をもとにしたオペラも書いた。またピアノ曲〈ゴリウォーグのケークウォーク〉（《子どもの領分》より）のように、ヨーロッパ中が心酔していたワーグナーをユーモアたっぷりに揶揄《やゆ》した作品なども書いた。すべ

てを見て、感じて、味わいつくしたい。そんな貪欲な作曲家だからこそ、軽やかに地平線を越えていったのだ。女神ヴィーナスのいる愛と官能の島へ向かう自分を重ねたピアノ曲《喜びの島》のように。

さらに世紀をまたぐということも、たくましい想像をかきたてたに違いない。一九世紀後半から世紀末にかけて生まれ、ドビュッシーも共鳴した、おもに美術・文学の分野で台頭した象徴主義などの新たな芸術思潮。美術評論家の高階秀爾氏は、その動きを端的に表している。「すべてを人間の理性でもって割り切り、あらゆる表現に規則的な根本原理を見出そうとするルネッサンス以来の西欧合理主義は、バロック芸術の時代に続いて前世紀の末にふたたび、底知れぬ不気味な生命力の発現の前に席を譲ったのである」[**34**]。

二〇世紀に入ると、ドビュッシーに追随する若手音楽家がぞくぞくと出てきた。彼が新しい時代を開拓したことの、なによりの証である。

この曲を聴いてみよう！　――ドビュッシー

○肉感的な情景描写の作品

【管弦楽曲】管弦楽のための三つの交響的スケッチ《海》

【ピアノ曲】〈月の光〉（《ベルガマスク組曲》より）

○旋法を用いている作品

【管弦楽曲】《「牧神の午後」への前奏曲》

【ピアノ曲】〈沈める寺〉（《前奏曲第一巻》より）

限定的な規則より、普遍的な原理を

時代を超越したバッハとドビュッシー。二人に共通するのは、絶えず沸き起こる生命の躍動感であり、彼らは、それを豊かに表現するために技法を習得し、また開発したことであった。

バッハは学び取ったものを完全に咀嚼したうえで、自らの内的動機にしたがって表現した。だからこそ、彼の作品においては、音、旋律、リズム、ハーモニーなどが、独創性をともなって表出している。学びが深部にまで達すると、その動機の生成や発展のメカニズムといった根本の原理を知ることになる。それを自らの作品が求める表現に到達するために用いたとしたら、それはたしかに内部から発する必然性なのだ。

ドビュッシーは多くの詩や文学、絵画、音楽に触れた。霊感を得たさまざまな作品の断片が、自分の体内にとどまり、溶け合い、組み合わされ、いつしか自らの作品が生み出される瞬間にそこに表れても不思議ではない。それが借用や模倣でないのは、彼自身に内在していた魂を呼び覚ましたからだろう。既存のルールや理論を破ることも恐れなかった。たとえそれが反撥を呼んでも。

いつでも時代を超えるのは、あふれんばかりの生命力である。そして彼らにあってそれは、絶対的存在への信仰心、自然への敬意、人間の本質への眼差しなのであった。

○共通ポイント

・諸分野を横断できる自由精神をもつ
・研究心が旺盛で、理論と実践をくり返しながら学んでいる
・システムやルールを超え、普遍的な原理や本質を重視する

現代の教育にどう活かす？

パリ国立高等音楽院

既存の技法から新しい表現を生み出す

一般の世界だけでなく、音楽の世界でも、つねに新しい時代を創ってきた人がいる。新たに生み出されたものは、淘汰の時期をへて、いつしか追随者が現れ、大衆に広まり、その時代を代表する概念になっていく。後世の人々はそれらをまとめて「時代様式」としてとらえ、各時代の音楽や作曲背景を理解する糸口にしている。

パリ国立高等音楽院には、作曲家オリヴィエ・メシアンが作ったアナリーゼ科がある。アナリーゼ（楽曲分析）は、楽曲の構成や作曲技法などの分析をとおして作曲家の意図や感情を読み取り、自らの感覚や知識に結びつけるアプローチである。楽器奏者および作曲家・指揮者・音楽学者向けにアナリーゼ授業をおこなう、作曲家クロード・ルドゥ氏（第一章の現代教育事例「音楽の解釈にも多様性がある」にも登場）に話をうかがった。二一世紀に生きるわれわれの感性をもって、音楽から何が読み解けるのか？

● 作曲家が受けた感覚を、アナリーゼで読み解く

——パリ国立高等音楽院のアナリーゼ科では、どのような授業がおこなわれているのでしょうか。演奏者にとって、アナリーゼにはどのような意義があるのでしょうか。

パリ音楽院には、楽器奏者のためのアナリーゼ・クラスと、指揮者、作曲家、音楽学者などのためのアナリーゼ・クラスと、二つのコースがあります。前者で五年間、後者で三年間教えました。二つとも違う考え方にもとづいています。演奏者のためのアナリーゼ・クラスは、よりよい演奏につながるための要素をいかに提案できるか、という考えです。

たとえば生徒に「いまはブラームスを練習しているんだね、じゃあアナリーゼしてみよう」と言い

ます。まず演奏をさせて、この音楽に何が起こっているのかをアナリーゼしてもらうのです。はじめに基本的な知識（作曲家について、和声の構造など）を訊ねますが、「ここがI度、V度」とただ分析するのではなく、「なぜなのか？」を問いかけます。「なぜV度なのか、ドミナントとはあなたにとって何なのか？」。安定感のあるトニック（主和音）からドミナント（属和音。主和音の完全五度上）への移行は、たとえば「ハッ」という緊張する感覚としてとらえることができるでしょう。またトニック（安定）―ドミナント（緊張）―トニックに戻るときはどんな感覚なのか、ハ長調からト長調への転調はどんな感覚をもたらすのか。ブラームスやモーツァルト、ベートーヴェンにとって、この転調は何を意味しているのか。

メタファーに置き換えてみましょう。調性とは、空間の集合を表すとします。ハ長調からト長調への転調は、ひとつの空間から別の空間へ移動することです。つまり別の空間や別の国に移動することで感覚や感情はより強くなると、個人的な体験からいえます。すると、その作品をどう演奏すればよいかわかりますね。

音楽には、その作曲家が受けた感覚が反映されています。たとえばC・P・E・バッハの音楽では、旋律や調性はドラマの一部です。旋律には内面のドラマが表現されているので、演奏するときに気を配らなければなりません。また「いまは何調なのか」に配慮することで、音楽がいまどのあたりに位置しているのかを知ることができます。そのようにして、音楽を動かしていくことができるのです。すばらしい演奏家は、楽譜に書かれているすべての要素を理解し、そこに反映されているものを批評的な視点で見たうえで、彼ら自身の感情や体験とうまく結びつけています。そうすると完全に独自の演奏になります。

●世界の見方が変わるとき、音楽も変わる

——楽譜の見方や解釈が変わると、演奏も変わります。個人個人が自分の真実を探りあてることが大事ですね。

私のアナリーゼ・クラスのはじめの授業でかならず伝えるのが、「私が考えるアナリーゼには、「唯一の真実」はなく、「さまざまな真実」がある」ということです。それは生徒にはいつも驚かれます。しかし、私が言うことが真実ではないといいたければ、彼や彼女はそれを証明しなければならない。「それは真実ではない。なぜなら……」というように。そして彼や彼女が言うこと、信じることが真実

だと説得されれば、わたしはその意見を受け入れ、体験を共有することができます。
ある物理学者の友人からおもしろいことを聞きました。物理学における「真実」とは、「次の真実がやってくるまでの真実」なんですね。仮説を立て、対象物を観察して理論や法則を発見するのが物理学ですが、たとえばニュートンが万有引力を発見しても、誰かが「いやいや、その理論にはこんな問題がありますよ。私が証明しましょう、真実とはこうです」と証明すれば、その新しい真実が世界の見方を完全に覆すことになります。たとえば二〇世紀初頭、アインシュタインの物理的発見(一般相対性理論)によって「異なる世界の見方」が登場しましたが、それと同時期に音楽にも変化が表れました。また顕微鏡をとおして「ミクロの世界」がつぎつぎと解明されたころ、音楽や美術にも同じような変化が起こりました。たとえばウィーンの画家グスタフ・クリムトは細胞の連続のような絵を描きましたし、ウェーベルンの音楽も同様です。

――こうした現象が、他分野でも同時期に現れますね。二〇世紀初頭に調性音楽が新たな時代を迎えてから一〇〇年、二一世紀にはどのような変化を感じますか?

相対的な距離感が変化しましたね。二〇世紀はじめは物理的距離間、いまは仮想的な距離間です。

たとえば日本にいる人と気軽にスカイプで話すことができます。距離、つまり時間や空間の概念が変わると世界の見方も変わります。すべては変化していく。インディアンのことわざに、「すべてのものが変化するこの世界において、唯一変化しないもの。それは「変化すること」」というのがあるんですよ。

だからアーティストや作曲家は、つねに新しい要素を見つけようとするのです。過去の要素のなかから新しいアイディアを生み出そうとする。ですが、まったく新しいものを創り出す、という考えには同感しません。たとえばピエール・ブーレーズの作品にも、ベートーヴェンのような要素やギヨーム・ド・マショーのホケトゥスが入っていたりします。大事なのは、「あなたが発見した音楽的要素をもって、何か新しいことをすること」。あなた自身の世界の見方、音楽知識や技法を用いることです。

● はじめにあったのは「法則」ではなく、「直感」

われわれは、ある法則や理論にのっとってアナリーゼをおこないます。たとえばバッハを伝統的和声にしたがって分析しようとしますが、それは真実ではない。なぜならバッハ自身は伝統的和声を意図したのでなく、多声を操る技術をもって「何か違うこと」をしたのですから。モンテヴェルディも然りです。彼の場合、旋法をもとに作り出したものが、まったく新しい音楽書法の発明につながりました。でもそこにはあらかじめ法則などなかった。直感だけです。理論も大事ですが、つねにいかなる状況にも当てはまるとはかぎりません。アナリーゼとはそもそも、「音楽に対して、あなた自身の視点を見つけること」だと思います。そして、あなた自身の感覚や意義を見出すこと。たとえばバッハが現代に生きていたらどうか。あるいは、その時代においてバッハはどうであったか、あなたはバッハとどういう関係を築くのか——。でなければ、あなた独自の理論を打ち立てることはできません。多くの理論に触れるより、自分の理論を打ち立てるほうが、より音楽に肉迫することができると思います。これは作曲家である私にとっても、大きな挑戦ですね！［**35**］

次世代リーダー教育に音楽を
ザルツブルク・グローバルセミナー

現代の教育にどう活かす？

新しい曲を生みだすにも、新しい世界を創りだすにも、欠かすことができないのは想像力だろう。教育、環境、健康、経済、平和構築などの世界共通課題に取り組む、「ザルツブルク・グローバルセミナー」というグローバルリーダー育成組織では、リーダーシップ教育の一環として、音楽やアートが活かされているそうだ。この組織は第二次世界大戦後、分断された世界にふたたび対話の場をもつことを目的として創設された。現在は「イマジネーション」「サステナビリティ」「社会的正義」をテーマに、あらゆる方面からの専門家や研究者を招聘し、フォーラムの開催や次世代育成などにあたっている。「イマジネーション」部門では、音楽やアートで想像力を養う文化芸術プログラムがある。次世代文化リーダーが集まるヤング・カルチュラル・イノベーターズ・フォーラムでは、芸術の潜在力（社会変革を起こす力など）の認識を深め、さまざまなレヴェルでの文化交流をうながし、リーダーとしての資質を高める。また政策決定の場において芸術の存在感を高めること、芸術が持続可能な経済発展や社会整備の推進力となるよう支援することも、このフォーラムがめざすところである。ヤング・カルチュラル・リーダーズ・フェローのマーク・ギルスピー氏（オーケストラ・オヴ・ジ・アメリカ事務局長）は、音楽や芸術は自分の限界を広げ、それを超えることを助けてくれる。オーケストラも早い段階から若い世代とつながることが必要だ、と話している［**36**］。

この組織に投資するのは、オーストリア科学・研究・経済省をはじめ、ビル・ゲイツ財団、アンドルー・W・メロン財団、ロックフェラー財団、ナイト財団などの米大手財団から、ドイツ、メキシコ、日本、韓国、香港などの各国銀行や政府組織、健康財団、ベルギー食糧危機財団、国際ホロコースト追悼連盟、国際美術館・図書館サーヴィス機構などの国際組織など、多数である。またパートナーにはアメリカ、アフリカ、アジアなどの大学が名を連ねている。地元ザルツブルク音楽祭（本書98〜100頁参照）もパートナーの一員である。同音楽祭は第一次世界大戦後に分断されていたヨーロッパをふたたび結びつける目的で創設されたのであるから、いわば同志である。なお音楽祭は、世界各国からの聴衆やグローバル企業の協賛や地元からの寄付、公的資金（三〇パーセント）で成り立っている。小国ながら政治的中立性を活かし、世界の知の拠点となっていることは注目に値する。

1 菅野恵理子『ハーバード大学は「音楽」で人を育てる——21世紀の教養を創るアメリカのリベラル・アーツ教育』(アルテスパブリッシング、2015)、第4章
2 ヨハン・ニコラウス・フォルケル『バッハの生涯と芸術』(柴田治三郎訳、岩波書店、1988)、p.25-26
3 樋口隆一『バッハの風景』(小学館、2008)、p.223-224
4 フォルケル前掲書、p.86-88
5 樋口前掲書、p.219
6 フォルケル前掲書、p.106-107
7 西原稔、安生健共著『アインシュタインとヴァイオリン——音楽の中の科学』(ヤマハミュージックメディア、2013)、p.155-156、p.229
8 オリヴィエ・アラン『和声の歴史』(永冨正之、二宮正之訳、白水社、2010)、p.89
9 Yo Tomita, *The Well-Tempered Clavier, Book1*, 'Historical Position', 1996
10 Yo Tomita, *The Well-Tempered Clavier, Book1*, 'History of Conception and Revision Process', 'Structure, Forms and Styles'
11 Yo Tomita前掲論文、淡野弓子『バッハの秘密』(平凡社、2013)、p.245
12 鈴木雅明、加藤浩子『バッハからの贈り物』(春秋社、2002)、p.277
13 礒山雅、久保田慶一、佐藤真一『教養としてのバッハ』(アルテスパブリッシング、2012)、p.126-127
14 樋口前掲書、p.232
15 礒山、久保田、佐藤前掲書、p.187-192
16 フォルケル前掲書、p.37
17 鈴木、加藤前掲書、p.255-258
18 フォルケル前掲書、p.28
19 フランソワ・ルシュール『伝記クロード・ドビュッシー』(笠羽映子訳、音楽之友社、2003)、p.27
20 ルシュール前掲書、p.37、p.44
21 アンドレ・シェフネル『ドビュッシーをめぐる変奏——印象主義から遠く離れて』(山内里佳訳、みすず書房、2012)、p.24、p.33、p.37
22 ロデリック・ダネット『伝記 世界の作曲家(8)ドビュッシー——印象主義音楽をつくりあげたフランスの作曲家』(橘高弓枝訳、偕成社、1998)、p.67
23 ルシュール前掲書、p.48
24 ルシュール前掲書、p.415
25 ステファン・ヤロチニスキ『ドビュッシィ——印象主義と象徴主義』(平島正郎訳、音楽之友社、1986)、p.76-77
26 原大地『牧神の午後——マラルメを読もう』(慶應義塾大学教養研究センター、2011)、p.30、p.50
27 原前掲書、p.30、p.50
28 ヤロチニスキ前掲書、p.35-36
29 ヤロチニスキ前掲書、p.34-35
30 ルシュール前掲書、p.428
31 ルシュール前掲書、p.50-51
32 『プーランクは語る』(ステファヌ・オーデル編、千葉文夫訳、筑摩書房、1994)、p.53-54
33 ヤロチニスキ前掲書、p.246-247
34 高階秀爾『世紀末芸術』(筑摩書房、2008)、p.146
35 菅野恵理子「音楽知識と感覚を結びつけるアナリーゼとは」、『子どもの可能性を広げるアート教育・フランス編』(PTNA〔ピティナ〕、2009、ウェブ記事)、第18・19回より転載
36 The Salzburg Global Seminar (http://www.salzburgglobal.org/home.html)

第5章

生命・宇宙のサイクルを感じとる人

見えない気や感情を察知する

人類が今後進むべき方向性について、元宇宙飛行士の毛利衛氏は次のように示唆している。

「人類という枠組みをも超え、地球生命の一つとしてそのつながりを自分の中に取り込み、他の生命を尊重しながら共に生きていけるかどうか。それが、人類が今後生き延びるための鍵になると思います」[1]

人間はこれまで「個人を維持するつながり」（第一段階）から、「人間の文化的なつながり」（第二段階）を発展させてきた。人類という大きな枠組みに気づいたいま、さらに「生命の普遍的な流れにもとづくつながり」（第三段階）を意識する段階にきているという。

人類全体から、生命全体へ——そのためにはどのように意識をシフトさせるべきだろうか？

それは、自然の声を聴くこと、自然のさまざまな恵みに気がつくこと、自然のサイクルを日常生活でも意識することだろう。人間は自然から生まれたもの。自然界と共存していくことが人間を心身ともに健康にし、生きる喜びを与えてくれる。そんな意識の高まりから、近年は食や美のトレンドが大きく変化し、有機や無農薬野菜を使った料理や、天然素材を使った洋服も増えた。それだけでなく、生産方法や生産者の倫理観にまで着目し（エシカル・ファッション、エシカル・ジュエリーなど）、自然環境や労働形態に負荷をかけない方法が模索されている。

また昨今では、自然エネルギー、すなわちグリーン・エネルギーやクリーン・エネルギーの研究開発も盛んである。自然環境にやさしいかたちでエネルギーを生成・消費・循環させることによって、サステイナブルな社会を実現する。自然に寄り添い、自然の力を引き出すという、自然ほんらいの姿を尊重した考え方だ。また近年では植物にも「知性」があるとされ、その根端が感受する情報をデータ化し、災害予報に活用したりする、プラントイド（植物型ロボット）開発という動きもある［**2**］。天然資源の有限性を知り、世代から世代へ資源をたいせつに継承していくことは、社会の未来像を考えることでもある。

一八〜一九世紀の産業革命により機械化・工業化が始まって以来、ときに自然環境破壊をもたらすほどの産業・経済的発展をしてきた世界が、二一世紀に入ったいま、ふたたび自然と人間のゆるやかな調和をめざしていること、この意味は大きい。それは国の経済成長度を示すGDP(国内総生産)ではなく、国の成熟度や豊かさを示す超GDPの提唱にも表れている。これは生活満足度や社会的・文化的つながりといった新しい観点の導入をめざすものである。

つまり、より人間らしく生きることが大事だと、人間自身が気づいたのだ。人間らしいというのは、もちろん個々人で違いはあるが、まず精神と肉体の健全なバランスが取れていることだろう。また人間を取り巻く自然環境とのバランスが取れていることでもある。そしてその自然のなかにこそ、人知を超えた叡智があることが、科学的にも実証されてきている。

調和の第一歩としては、まずは自分の内なる声を聴くことだ。自分の内なる声、心の声は小さい。意識をしなければ、*pp*、*ppp*くらいにしか聞こえない。しかしていねいに耳を傾けてみると、*ff*、*fff*くらいに大きいこともある。ささやきではなく、さけびというほどに……！　音楽には、そんな言葉になる以前のあいまいで複雑な感情に気づき、受けとめる力がある。

言葉になるということは、自分の内なる声を客観視できているということだ。しかし自分の感情を感じることに麻痺してしまうと、感情を客観視したり、表現することがむずかしくなってしまう。厚生労働省の調べによれば、平成二〇年には精神疾患のために医療機関にかかった人は三二三万人にのぼる。とくに近年は、若年世代を含めて、うつ病や認知症などの著しい増加が見られるという。また総務省統計局は健康状態と週間就業時間の関係を調査し、雇用者五三七二万人のうち、健康状態がよくない人は八・三パーセントとしている。このような社会的状況をふまえ、企業ではメンタルヘルス維持に力を入れはじめている。二〇一五年一二月からは、従業員のストレスチェックが義務化された。「健康経営」という意識も広がりはじめており、なかには最高健康責任者（CHO、Chief Health Officer）を採用し、社員を対象に健康プログラムなどを実践する企業もある。ふだんから心身の健康に気を配り、将来的な病気を予防する予防医学の考え方も主流になりつつある（もちろん社員の人権保護は重要課題ではある）。

音楽のなかには、人間の細やかな感情が投影されているものから、まったく日常と切り離され、大地や天空とつながっていると感じさせるものまである。音楽とともにいるなかで、自分の真の感情に気づくことができる。また音楽による自己表現で、自分の感情を解き放つこともできる。広い世界に、無限の宇宙に。音楽は、制限のない世界で、自分がただこの瞬間に生きているという、原点を思い出させてくれるだろう。

創造者に学ぶ

ショパン

感情を深く受けとめて表現する

●心の声を聴く、見えない思いを表現する

自分の心の声に耳を傾け、それをきわめて洗練されたかたちで表現したのはフレデリック・ショパン（一八一〇〜一八四九）だ。ポーランドで生まれ、フランスで活躍し、「ピアノの詩人」と称される人である。彼の音楽には、すべての音に、すべての音と音とのあいだに、あらゆる感情が宿っている。

そこでショパンの作品から、喜怒哀楽や、望郷の念や苦悩といった人類に普遍の感情に焦点を当てて

みたい。

「愉しみ」――ショパンは幼少のころ、音楽的・芸術的には恵まれた環境にあり、彼のまわりは音楽で満ちあふれていた。ユーモア精神もあったショパンは、友人知人のカリカチュアや物まねなどが得意で、よくまわりを楽しませていた。ショパンが人生で最初に聴いたのはマズルカで、それは生涯変わらずショパンの心のなかに宿ることになるが、二〇歳前後に書かれた《マズルカ第五番》op.7-1などには、幼少～少年時代の快活ではじけるような楽しさが表れている。後年作曲された《ワルツ第六番》op.64-1（〈子犬のワルツ〉）なども、ユーモラスな部分が垣間見える。

フレデリック・ショパン

「恋心」――青年時代といえば、誰もが経験する恋。とくに若いころは、淡くせつない恋心や、手の届かない相手に対する憧れを抱いたりすることがある。ショパンも例外ではなかった。彼の初恋の相手は声楽科学生コンスタンツィア・グァドコウスカで、ショパンにとっては高嶺の花のような存在だった。彼は彼女と視線が合っただけでどぎまぎするほどで、半年以上も恋心を内に秘めていた。そのころに書かれたピアノ協奏曲第二番op.21の第二楽章は、そんな純情な恋に悩む青年の姿が刻まれている。「これはぼくにとって不幸なことかも知れぬが、ぼくはすでに理想の女性があるのだ。まだ一言も話したことがないのですが、六か月ぼくは心のなかで忠実に仕えてきたのだ。彼女のことを夢み、彼女への想いでぼくの《コンチェルト》のアダージオを書いたのだ」[3]。しだいに彼女と親しくなり、二〇歳になったショパンがワルシャワを去るころには、お互いに離れがたい気持ちになっていた。そのころに作曲されたピアノ協奏曲第一番op.11の第二楽章(ロマンス)には、ショパンのつかの間の幸福感がこめられている。

「新しい《コンチェルト》のアダージオはホ長調だ。これは強烈な効果をねらっているものではない。むしろロマンティックな、静かな、やや憂鬱な、それでいていく千という幸福な思い出を呼び覚ますような、一点を静かに見つめるような印象をあたえようとしているのだ。春の美しい月光をあびた瞑想のようなものだ」[4]。ウィーン経由でパリに旅立つ前、ワルシャワで最後に開かれたコンサートでは、ショパンは彼女と同じステージに立った。そして公園で語らいながらふたりの将来を約束した。朧《おぼろ》月夜のような、つかの間の儚《はかな》い夢のような音楽。それはショパン自身の恋の姿であり、淡く消えゆくものだった。

「怒り」と「悔恨」――二〇歳になったショパンは、じつに多くの感情を経験した。故郷の家族や友人たちと別れ、ひとり異国へ旅立ったこと(その後二度と戻ることはなかった)、その故郷が戦火に包まれたこと、異国でただひとり寂しさと悔しさを胸に秘めて生きなければならなかったこと、そしてパリで新しい人生が始まったことだ。

この一八三〇年は歴史的にも大きな転換点であり、ショパン自身も無関係ではいられなかった。ショパンが生まれた国(当時はポーランド公国)はヨーロッパではじめて民主主義的な憲法草案が起草されたほど、進歩的な考え方があった。しかし当時ポーランドは列強国に分割され、ワルシャワはロシア帝国に実権を握られていた。そしてこの年、侵攻するロシア軍に対してワルシャワ市民が蜂起するという事件が発生した(十一月蜂起)。フランスの民主主義運動を鎮圧せよ、というロシアの命令に対して断固抗議したのだ。ショパン自身はその直前に祖国を出て、パリに向かう途中だったが、祖国を踏みにじられた激しい憤り、友人や愛する人を思う気持ちが《一二の練習曲》op.10-12(〈革命〉)、《スケルツォ第一番》op.20などに投影されているようだ。どちらも鍵盤を叩きつけんばかりに強く鋭い*ff*（フォルテシモ）で始まるところからも、彼の激情が伝わってくる。しかしショパンはそれだけでは終わらせない。スケルツォの中間部からは故郷に想いを馳せる心情が感じられ、また《革命》エチュード最後の二音からは誇り高い魂が立ち上がってくる。この二曲を聴くだけでも、ショパンの張り詰めた心情が読み取れる。クリスマスの朝、ウィーンからワルシャワの友人ヤン・マトゥシンスキに宛てた手紙には、こう書かれている。

「服装をととのえ、髪をくしけずり、靴をはき、客間では冷静をよそおっていながら、家に帰ってはわが激情のありったけをピアノに向かってぶちまけるのだ。胸襟を開いて話し合える人間が一人もいないのに、だれに向かっても愛想よく振る舞わなければならぬのだ。（……）きっと（十一月）二九日の事件から受けた衝撃のためだ。神はぼくがこの暴挙に加わるのを禁じられた。ぼくの力が及ぶ限り……ぼくが死ぬ日まで……死んだ後でもぼくの灰は彼女［引用者注：コンスタンツィア・グァドコフスカのこと］の足もとにあるのだと告げて彼女の苦しみを和らげてくれ」［**5**］

「華やぎ」と「悲しみ」――その後パリに向かい、新しい生活が始まるとコンスタンツィアとの記憶は少しずつ薄れていった。演奏会もこなし、社交界デビューも果たす。なかでも大富豪ロスチャイルド家に気に入られてレッスンを始めたことは、パリにおけるショパンの音楽家としての地位をたしかなものにした。《ワルツ第一番》変ホ長調ｏｐ．18〈華麗なる大円舞曲〉）、《ボレロ》ｏｐ．19などがそれを象徴しているようだ。そのいっぽうで、《マズルカ第一二番》ｏｐ．17ｰ3、《マズルカ第一三番》ｏｐ．17ｰ4などの憂いを帯びた旋律は、パリにあってポーランド人としての矜持《きょうじ》を感じる。

いっぽう、私生活では深い悲しみも味わった。あるとき、ショパンは旅先で同郷の女性マリア・ヴォジンスカと恋に落ちる。歌もピアノも得意だったマリアとは、一緒にピアノを弾いたりしてときを過ごした。マリアは心のやさしい女性だった。「馬車にお乗りになるとき、あなたさまのノートについておりました鉛筆をピアノの上にお忘れになりました。ご旅行中ご不自由になったでしょうか。とってておいてございます。まるでかたみかなんかのようにたいへん大事にしてあります」（マリアからショパンへの手紙の追伸より［**6**］）という一言にも、マリアのやさしい心配りがにじみ出ている。二人は結婚の約束まで交わしたが、ショパンが結核におかされているという懸念から、ヴォジンスカ一家はしだいに距離を置くようになる。マリアとの別れを悟ったショパンは、二人で交わした書簡をたばね、「わが悲しみ」と書き添えて戸棚の奥にしまいこみ、二度とひもとくことはなかった。マリアに献呈された《ワルツ第九番》op. posth. 69-1（遺作）は、物悲しくも、美しく慈しみにあふれた旋律が奏でられる。「別れ」「告別」とも呼ばれている。またこの時期に書かれた《マズルカ》op.30－1、op.30－4などには、行き場のない悲しみや人生への問いかけが刻みこまれている。

「期待」と「失望」――ショパンの人生で最大の転機のひとつは、女流文学者ジョルジュ・サンドとの出会いである。男勝りの外見とは裏腹に、強い愛情表現と母性本能にあふれるサンドに、繊細なショパンも惹かれていった。サンドとともに旅立ったスペイン領のマヨルカ島では、《二四の前奏曲》op.28が完成した。全二四曲、どれも数十秒から数分以内という短い曲ながら、ショパンの繊細な感性と独創的な楽想がいかんなく発揮された最高傑作のひとつといえる。しかしパリの華やかな暮らしに慣れていたショパンにとって、マヨルカ島の生活は物質的にも精神的にも辛いものであった。島の明るい天候とは裏腹に、劣悪な生活環境と島での人間関係、悪化していく健康状態……しだいに音楽も内省的になっていく。たとえばその《二四の前奏曲》のなかの〈雨だれ〉として知られる曲は、晴天の合間におとずれる雨を描きながらも、雨音がしだいに心のなかにひたひたと迫りくる不安や苦悩のように響いてくる。ショパンの心から生まれ、ショパンの耳をとおして発された音のひとつひとつが、聴き手の心の内までしみこんでくる。最後は一転して晴れやかに締めくくられ、一条の光が差しこんでくるようだ。そこに一縷《いちる》の希望を感じる。

●音楽が伝える、心の奥にある想い

「充足感」と「高揚感」――パリへ戻ったふたりは、都会のパリと田舎のノアンを往復する生活を送るようになる。パリに落ち着いたころに書かれた《ワルツ第五番》op.42は、華やかかつ技巧的で、都会の社交生活を彷彿とさせる。いっぽう夏はノアンに滞在し、田舎の澄んだ空気、サンドの心のこもった手料理、画家ウジェーヌ・ドラクロワや歌手ポーリーヌ・ヴィアルド、詩人ヴィトフィッキなど親しい友人の来訪などがあり、恵まれた環境のなかで創作を続けた。マヨルカ島に渡るときに着想され、ノアンに落ち着いたころに完成した《ノクターン第一二番》op.37－2は、めくるめく転調が美しく、ショパンの期待と夢想が入り混じっているようだ。これから何かが始まる、そんな気持ちの高まりが感じられる。またサンドと出会い、マヨルカ島への旅行をへて、ノアンへたどり着いたショパンは、その間に書き綴っていたピアノ・ソナタ第二番op.35を仕上げた。力強い序章から始まる第一楽章、真剣な面持ちのスケルツォの第二楽章、葬送行進曲を含む第三楽章、「音楽というより、むしろ嘲笑だ。（……）魔法にかけられるように最後まで聴いてしまう」とシューマンが評した第四楽章をもつこのソナタは、形式の大胆さと斬新さで知られる。葬送行進曲を書いた動機は、妹の死やヴォジンスカ嬢との失恋ともいわれるが、そうした私生活で経験した感情もすべて、新たな愛の体験とともに独創的な創作へと結びついた。ショパンの創造性はますます高まり、ピアノ・ソナタ第三番op．58、《幻想曲》op．49など、不朽の名作がつぎつぎと生み出されていった。

「憂い」と「空虚」――創作意欲とその成熟度は増すものの、サンドと子どもたちとの確執のはざまで翻弄されることも増えていき、ショパンはしだいに心を閉ざすようになる。そして、心が内へ内へと入り込むにつれて、故郷ポーランドを思い出すようになった。つねに心のかたわらにあった故郷の音楽マズルカ。ショパンは自らの思いをマズルカのリズム、メロディ、ハーモニーに乗せて、望郷の念をかみしめた。三四歳のころ最愛の父が亡くなったことは、ことさらショパンの心を打ちのめした。同年姉のルドヴィカがノアンを訪問し、ふたりは一四年ぶりに再会を果たしたが、このとき、ショパンはこれまでにないほど故郷への想いを募らせたことだろう。そのときに姉に聴かせた《三つのマズルカ》op．56は、激しいまでの故郷への想いや空虚な心が入り混じる作品だ。

「希求」――自らのポーランド魂、そして同胞を勇気づけるためもあってか、ショパンはポロネーズやマズルカなどを多く書いた。国を離れても、魂はともにある――そんな想いがこめられている。《ポロネーズ第六番》op.53（〈英雄〉）もこのころに書かれた。また姉と再会した翌年には、《幻想ポロネーズ》op.61を書いた。もはやポロネーズというジャンルを超えた、自由に想像力をめぐらせた世界が広がる。序章からすでに、未来の世界に問いかけているようである。自分の未来ではなく、人類の未来のために。そして最後は決然と*ff*で締めくくられる。二〇歳のころに書いた《革命》エチュードは怒りと誇りの気持ちをこめて*fff*で終わったが、三五歳のショパンは残り少ない生命力を振り絞って、最後の望みをこの音に託したのだろうか。ショパンはまもなくサンドと別れ、数年後失意のうちに亡くなった。

ショパンは青年時代の恩師から、オペラを書くように勧められたことがあった。しかしきっぱりと断っている。言葉ではなく、音で、ピアノで想いを伝えたいという強い気持ちからであった。それが、いまなお世界中に響く。どんな小さな音のなかにも。

●絶え間なく湧き出る楽想は、心の揺らぎか

ショパンは、まるで天から降りてきた音楽をそっと受けとめるように作曲した。作曲中のショパンの様子を、弟子が書き残している。

「ある日ショパンがジョルジュ・サンドの宅で即興演奏するのをききました。(……)彼の霊感は非常に直感的で、完成されています。何のためらいもなく、はじめからそのように出来ているかのようにひきます。だがそれを譜に書きおろす段になると、もとの楽想をすみずみまで詳細につかみ直して、数日にわたる精神的な緊張をもって必死の苦闘をつづけています。ひとつのフレーズをひっきりなしに変えたり、手を入れたりし、狂人のように歩き回っています。なんという不思議な底の知れぬ人物でしょう！　なんと表情豊かな、どの表現も高貴な詩人なのでしょう！」(ヨーゼフ・フィルチよりハンガリアの彼の両親に〔一八四二年三月八日〕)〔**7**〕

ショパンの作品には、ひとつまたは複数のヴァリアント(異稿)が提案されていることがある。英国のショパン研究者ジョン・リンク氏によれば、ショパンは作品を完成させる過程で、あるいは完成したあとも、弟子に教えるときに余白に新たなヴァリアントを書きこむことがあった。そのためショ

聖十字架教会におけるショパン命日のミサ

ショパンの心臓が眠る
聖十字架教会

パンの楽譜には、草稿、自筆譜、写譜、校正譜、初版（フランス、イギリス、ドイツ）、再版、贈呈譜、生徒の楽譜への書きこみなど、多くの版が存在する。ショパンの校正方針が一貫していなかったり、そのときどきに湧いてくる楽想を譜面に書き残していたためである。たとえば《ノクターン第二番》op.9-2には一八ものヴァリアントがある。ショパンにとって作曲とはかぎりなく続く作業であり、いずれのヴァリアントも「ショパンの音楽」である——。この考えにもとづき、リンク氏を含むショパン研究者四名で構成される新批判校訂版編集者は、ひとつの原典資料を認定したうえで、それ以外をヴァリアントとして、すべてを余白または校訂報告に記している。「かぎりなく忠実に、可能性には柔軟に」、ショパンの美学を徹底して反映させている。

絶え間なく湧き出てくる楽想を、すべて書き残したショパン。

絶え間なく揺らぎ、変わりゆく、人の心のように。

この曲を聴いてみよう！　――ショパン

○　**祖国への想いが投影されている曲**

【ピアノ曲】練習曲ハ短調《革命》op.10-12、《三つのマズルカ》op.56

○　**自由な形式と独創的な和声の曲**

【ピアノ曲】《幻想ポロネーズ》op.61

○　**わずか数十秒のあいだに、多彩な情景や鋭い心理描写が見える作品集**

【ピアノ曲】《二四の前奏曲》op.28

創造者に学ぶ

モーツァルト

あらゆる人間や自然に目を向ける

●なにげない日常から、深遠な世界を見とおす

なにげない日常の一瞬も、広大で深遠な世界や宇宙の一部である。その深奥につながる扉を、ふと開く人がいる。古代ギリシアの数学者ピュタゴラスは、重量の異なる二つの金づちの音を耳にして、音程・音階を発見した。一七～一八世紀の物理学者・天文学者アイザック・ニュートンはりんごの木から実が落ちるのを見たのが、引力法則を研究する端緒となったといわれる。彼らは無数に存在する

物理的現象のなかから、日常のなにげない光景を通じてそれをひもとく手がかりを得、研究を重ね、この世に存在する原理を導き出した。そうして導き出された原理は、この世を根底で動かす動力のようなもので、簡潔かつ壮大な力をもつ。

なにげない日常の出来事から、深遠な世界の真理を見る人。音楽でいえば、オーストリアの作曲家ウォルフガング・アマデウス・モーツァルト（一七五六～一七九一）だろうか。その三六歳に満たない短い生涯に、オペラ、交響曲、器楽曲など八〇〇以上の曲を書き、まさに疾風のごとく人生を駆け抜けた。作曲を始めたのは五歳、「曲はすでにでき上がっています。だけどまだ書いていません」という一言はまだ一〇代前半のことだ。モーツァルトの頭のなかに壮大な音の世界がすでにあることを示唆している。一四歳のころにはイタリア語のオペラ《ポントの王ミトリダーテ》K87を三カ月足らずで書き、大成功を収めた。

モーツァルトはあらゆる人間の感情を、人類の叡智を、若くしてすでに知っているかのように、音楽を書いた。その調和の取れた美しいハーモニーは、シンプルさのなかに、人間のあらゆる感情が詰まっている。すべての雑味を取り払い、純粋に舞い降りてきた音。宇宙的な広がりを感じる音楽。人間界で起こる小さな瑣末事《さまつじ》や戯言《ざれごと》から、果ては天上の声までが表現されている。

これはモーツァルトの驚異的な聴覚と人間観察力によるものだろう。モーツァルトが一四歳のころに訪れたシスティーナ礼拝堂で、門外不出であった九声の宗教曲（グレゴリオ・アレグリの《ミゼレーレ》）をいちど聴いただけですべて記憶し、楽譜に書きとった話はよく知られている。また幼いころから人の声をよく聴き分け、オペラを書くさいにはその人の声質や声域が最大限に活きるようにした。たとえばオペラ《後宮からの誘拐》Ｋ３８４では、ソプラノ歌手（カヴァリエーリ）のよどみのない声に合わせてアリア〈どんな拷問《ごうもん》が待っていようとも〉を書き、バス歌手（フィッシャー）のひときわ低いバスを美しく響かせるようにアリア〈こういう風来坊の連中ときたら〉を書いたという。人物や性格描写もリアルで、このバス歌手が歌う後宮の番人オスミンの怒りを表現するために、怒りがつのるにつれて音価を短くし、そしてテンポを速くし、調性を変えている（へ長調→イ短調）。モーツァルトいわく、「じっさい人間は、こんなに烈しく怒ったら、秩序も節度も目標もすべて踏み

ウォルフガング・アマデウス・モーツァルト

越えて、自分自身が分からなくなります。音楽だって、もう自分が分からなくなるはずです」としながらも、音楽はどんなに恐ろしい場面でも耳を汚さずに楽しませてくれるものでなければならないと述べている［**8**］。ちなみにこのアリアではトルコ風の音楽によって滑稽味を出したと言っているが、ただ相手がいけ好かないからと無闇に怒っているようすを滑稽にとらえているのがモーツァルトらしい。

また《魔笛》Ｋ６２０の有名な〈夜の女王のアリア〉は娘を奪われた母の復讐心を歌う曲だが、異常なほど高く鋭い音の連続に、度を超えるほど彼女の頭が沸騰しているようすがうかがえる。娘を奪った神官ザラストロの神殿へ忍び込み、短剣で敵を刺すようにと娘をさとしながら歌われるが、その後、娘と彼女を救いにきたタミーノ王子はザラストロのもとでさまざまな試練を乗り越えて本物の愛を知り、母の激情と執着心は退けられることになる。夜の女王が娘の愛と自立を妨げる存在として描かれているためか、すごみのある音楽のなかに皮肉がわずかに含まれているように感じられる。モーツァルトは喜怒哀楽の根底にある真の動機をしっかりととらえ、それを物語全体のなかで際立せたのである。

モーツァルトはあふれんばかりのユーモア精神や遊び心も兼ねそなえていた。《魔笛》に登場する鳥刺しパパゲーノのような道化役は、まさにお手のものといった感じだ。上演時にも、パパゲーノ役のシカネーダー（興行主・台本・歌手）に舞台袖《そで》からちょっかいを出したりしている。また、友人二人とテーブルを挟んで同じ譜面を見ながら弾けるように、鏡のように上下逆さまにしても読めるヴァイオリン二重奏曲《鏡のカノン》を書いたといわれている。二分強の小品だが、これも驚くべきことだ。ちなみにレオナルド・ダ・ヴィンチも鏡文字をすらすら書けたそうである［**9**］。

オペラだけでなく交響曲や協奏曲などの器楽音楽でも、まるで人物描写のごとくに音楽が奏でられる。むしろ歌詞や物語が明示されていないぶん、より大きな人類の集合体を表しているようにも感じられるかもしれない。たとえばクラリネット協奏曲イ長調K622の第二楽章などは、冒頭のテーマに続き、クラリネット、ヴァイオリン、フルートなどに受け渡されていく下行音階の旋律や、オーケストラ全体が織りなす美しいハーモニーの奥に、まるで人類が味わってきたさまざまな喜びや悲哀が宿っているようだ。ピアノ協奏曲第二三番イ長調K488の第二楽章も、ピアノが奏でる哀切を帯びた冒頭に続き、ヴァイオリンとクラリネット、ファゴット、フルート、ヴァイオリン……と受け渡されていくシンプルなパッセージが、悲哀の極みである。まるで、多くの人間の傷ついた魂を背負いながら、生まれ出てきたように。そうかと思うと、一転して第三楽章は、プレストの軽快なテンポと陽気な曲調で締めくくられる。彼の曲のなかでは、多くの要素が美しく調和しながら変容していく。変幻自在なのだ。

またモーツァルトは、動植物や自然の営みも敏感に感じ取っていた。飼っていたムクドリが死んだ数日後に完成したディヴェルティメント《音楽の冗談》K５２２には、その鳥の歌を取り入れている。ムクドリは発声器官が二つあり、同時に二つの旋律を対位的に歌えるそうだが、モーツァルトがそれに気づいていたという説がある［**10**］。

●ほんとうの財産は頭のなかに

モーツァルトは作曲の合間に、よく家族や友人宛てに近況を知らせる手紙を書いた。小さいころに姉ナンネルや親しい従妹ベーズレに宛てた手紙には、愉快な冗談や他愛ない語呂合わせが並び、屈託のない素顔が表れている。また妻コンスタンツェへの手紙には、惜しみない愛情にあふれる言葉が書き連ねられている。妻がかわいくて愛おしくてたまらない、といったふうに。コンスタンツェは彼がかつて滞在していたウェーバー家の三女（四人姉妹）だった。もともとモーツァルトは次女アロイジアに熱烈に恋していたのだが、しだいにコンスタンツェのやさしい心遣いなどに惹かれていった。そして自分の父親の同意を得る前に婚礼を挙げた。どうやらそのころから、父や姉としだいに疎遠になっていく。コンスタンツェが病気療養のため湯治に出かける生活を送るようになると、モーツァルトは妻の体調をつねに気遣い、心から愛情にあふれた言葉を書き送り、その費用を捻出するために仕事に精を出した。いっぽうのコンスタンツェは夫の天才にはいささか無頓着だったらしく、それで悪妻のイメージがついてしまったのだが、モーツァルト同様に屈託のない人だったのだろう。モーツァルトの大きな愛情は、まるで太陽の光やエネルギーのごとく、音楽に家族にと、あらゆる方面に放たれていた。

そんなモーツァルトも厳しい現実と闘わなければならないときがあった。自分自身や作品に対する名誉のために、自ら潔く立ち上がらざるをえなかったのだ。あるときは父に対して、またあるときは社会に対して。たとえば次のように。

モーツァルトは父レオポルトに、仕事の受注状況や作曲の進み具合、金銭状況なども細かく報告していた。しかし想像力が豊かでお人好しがすぎたためか、現実志向の父からは紳士然とした振る舞い方や現実的な金銭感覚をもつよう、小言を言われることが多かった。安定した職に就いてほしいという父の願いに対し、しぶしぶ応じたこともあった。また、ザルツブルク大司教との決裂は、モーツァルトを激しく落胆させた。音楽を尊重しないザルツブルクの街、自分を正当に評価せず見下すような言葉を投げかける大司教に対し、父の諫《いさ》めもあってモーツァルトはしばらく耐えていた。しかしモーツァルトは自尊心を選んだのである。「ぼくの最上のお父さん、ぼくはお父さんの気に入るように、自分の幸福と健康と生活を犠牲にするつもりでした。しかしぼくの名誉、それはぼくにとって何よりも大事なものです」[11]。大司教と決裂し解雇されたモーツァルトは、以後フリーランスの作曲家として生きることになる。そしてこの一件は父レオポルトをさらに失望させることになった。

しかし、果たしてモーツァルトは浮ついた性格だったのだろうか？　その疑問に答えるべく、ある一通の手紙がモーツァルトの本質を照らし出してくれる。それは、パリ旅行に同行していた母の死にさいし、父レオポルトに事実を知らせる前に、ヨーゼフ・ブリンガー神父にあてた手紙のことである。「最良の友よ！」で始まる手紙には、母がどのような経過で亡くなったのかが細かく書かれ、モーツァルト自身の悲しい心情も吐露されている。しかしそれ以上に胸を打つのは、父に心の準備をする時間を与えるよう、事実を伏せ、いまはまだ重篤《じゅうとく》であると伝えてほしいという、やさしい配慮を見せたことだ。その書面には細かく美しい文字が、いっさいの乱れもなく整然と綴られている。母が亡くなるという深い悲しみに打ちひしがれるなか、感情を乱すことなく、自らの悲しみを人に共有してもらうためでもなく、すべては神の思し召しとして、父や姉を慮《おもんばか》りながら冷静に筆を走らせるモーツァルトの姿が目に浮かぶ（この年、モーツァルトはヴァイオリン・ソナタ第二一番Ｋ３０４、ピアノ・ソナタ第八番Ｋ３１０を作曲している。どちらも短調で哀愁を帯びている）。

その一糸乱れぬ書面から、その態度は楽譜を書くときも同じではなかったかと推察される。いかなる悲しみや怒りの感情や満たされぬ想いがあったとしても、頭のなかにある音楽は冷静に引き出され、流れるように五線紙に綴られていく。何者にも邪魔されない音楽。世俗の瑣末事に影響を受けない音楽。そこには私情と切り離された天上の音楽があった。それはまぎれもなく、彼が父に宛てて書いた「ほんとうの財産は頭のなかにあります」という言葉が示すとおり、モーツァルトが自身の人生を賭けて守り抜いたものだった。絶筆となったレクイエムＫ６２６などの自筆譜を見ると、冷静で迷いなく、整然と並ぶ音符に圧倒される。重い病床にあり、自分の行く末すら見えていたかもしれないのに……！

どこまでも広がり続ける想像力は、彼の筆を最後まで休めさせることはなかった。書いても書いてもほとばしる楽想、神から与えられた無形の財産を、モーツァルトはいっさいの躊躇なく出しきったのである。やはりそれは、霊感が舞い降りる、としか言いようがない。

愛し、愛され、愛され続けて

モーツァルトの死後、未亡人となったコンスタンツェと息子二人は苦しい状況に立たされたが、さいわい友人知人の援助や基金を受けることができた。夫妻と縁のあったプラハでは追悼ミサや慈善演奏会が開かれ、コンスタンツェは招かれて出席している。それだけでなく自らも舞台に立つようになった。生家のウェーバー家は代々音楽家を輩出した家系で（作曲家カール・マリア・フォン・ウェーバーは年下の従弟にあたる）、彼女の長姉ヨゼーファは《魔笛》で夜の女王を初演し、また次姉のアロイジアも有名なソプラノ歌手であり、そして彼女自身も優れた歌い手だった。ウィーンでコンサート形式による《皇帝ティートの慈悲》Ｋ６２１の慈善演奏会を開くと、アロイジアはじめ歌手や楽団員は無償で出演し、収入のすべてが妹に渡るようにした。二度目の慈善演奏会のさいには、若き日のルートヴィヒ・ヴァン・ベートーヴェンがモーツァルトのピアノ協奏曲第二〇番Ｋ４６６を演奏したという。そのころイギリスではヨーゼフ・ハイドンがモーツァルトの作品目録を取り寄せて広めようとしたり、またモーツァルトの伝記が出版されるにいたり、モーツァルトの名声はふたたび蘇ろうとしていた。またコンスタンツェは絶筆となったレクイエムの補筆を依頼し、また自筆譜や草稿の整理をはじめ、亡き夫の偉業をふたたび世に出すべく奔走する。何かに突き動かされたのだろうか。そのうちデンマーク人外交官で音楽愛好家のニッセンと知り合い、彼も作業を手伝うようになる（一〇年後に二人は結婚）。ニッセンは誠実で穏やかな人柄で、モーツァルトを敬愛しており、公職退官後にはモーツァルトの膨大な資料や書簡を整理して伝記を書くことになった。二人はザルツブルクに居を移し、モーツァルトの書簡約四〇〇通を父レオポルトから受け継いだ姉ナンネルにも再会した。コンスタンツェとナンネルは一時期疎遠であったが、これをきっかけにふたたび縁が深まったようだ。コンスタンツェはほかの姉妹や息子ともいつでも親しくやり取りし、八〇歳で亡くなるまで裕福な老後を過ごした。そのころモーツァルトの音楽と名声はふたたび日の目を見るようになり、ザルツブルク市はモーツァルトへの評価を改め、敬意を表してモーツァルテウム音楽院を設立した。コンスタンツェはその完成を見届けることはできなかったが、死の直前にモーツァルトの銅像の模型を受け取った。そして現在もザルツブルクの中心部に建つその銅像の除幕式では、息子クサーヴァーが父のピアノ協奏曲第二〇番を演奏した。こうしてモーツァルトの面目躍如は完全に果たされたかたちになったのである［**12**］。モーツァルトの大きな愛は、生涯にわたって妻に宿り、いつでもそのかたわらで語らい、陽気に音楽を奏でていたのかもしれない。

モーツァルトの音楽は、今日にいたるまで多くの人々に愛されている。相対性理論を打ち立てた科学者アルバート・アインシュタインもモーツァルトの音楽を愛好したことで知られている。ヴァイオリン弾きでもあったアインシュタインは、モーツァルトの音楽に宇宙的な調和を感じたのかもしれない。彼が日ごろから愛奏していたのは、モーツァルトが母の死の前後に作曲したヴァイオリン・ソナタ第二一番Ｋ３０４であった。そして葬儀では、モーツァルトのピアノ協奏曲第二六番《戴冠式》Ｋ５３７と、Ｊ・Ｓ・バッハの《葬送用カンタータ一〇六番》ＢＷＶ１０６が演奏された［**13**］。

この曲を聴いてみよう！　——モーツァルト

○　調和のとれた美にあらゆる喜怒哀楽が宿る曲

【協奏曲】ピアノ協奏曲第二〇番K466、第二三番K488
【交響曲】交響曲第四〇番K550

○　厳粛さと軽妙さが交差する歌劇
【オペラ】《魔笛》K620（〈夜の女王のアリア〉〈私は鳥刺し〉など）

創造者に学ぶ

ヒルデガルト・フォン・ビンゲン
天・地・人を調和させる

●天界・自然・人間を調和させるために

おおいなる存在とつながるには、人間の精神、肉体、自然の調和がとれていることが大事である――約一〇〇〇年前にそう主張していた人がいる。ドイツの修道院長・協会博士ヒルデガルト・フォン・ビンゲン（一〇九八～一一七九）だ。この名は、「ビンゲンという土地に住むヒルデガルト」という意味である。幻視という神秘体験をした修道女として知られる。彼女は第一〇子として生を受けたが、一〇番目の子どもは神に授けるという当時の慣習をふまえ、八歳で修道院に預けられた。彼女の教育を担ったのは貴族階級出身の修道女ユッタで、詩篇とデカコルド（十弦琴）を教えたそうだ。ヒルデガルトは幼少のころに幻視体験をし、後年それを三冊の書物にまとめている。彼女が見た幻視（ヴィジョン）は明確かつ予知的であり、その著作『道を知れ』を当時の教皇エウゲニウス三世が朗読したことから、公的にも承認される存在となった。

中世は精神性が最上位に置かれており、聖書にはその修業について書かれてある。が、精神の持ち主である人間の肉体の修養についてはほとんど触れられていない。ヒルデガルトは精神の崇高さを説きながらも、同時に健全な肉体をもつことが大事であると主張したのである。人間は「宇宙の肉体的な中心」である、と［**14**］。そして、その自らの内にもつ三つの小道として「魂と体と感覚」が相互作用していると考えたのだ。ヒルデガルトはこう述べている。

ヒルデガルト・フォン・ビンゲン

「（……）魂は体を生かし、思考を養い、体は魂を引きつけ、思考を明らかにするのである。感覚は魂を感動させ、体を満足させる。魂は、火が闇を照らすように体に命を与えるが、それには具えている二つの主な力を用いる。知性と意志であって、これらは魂の二つの腕のようなものである。（……）魂は動くために二つの腕を持っているのではなく、太陽がその輝きによるように、この二つの力によって自らを現すからである」［**15**］。それゆえ、精神とともに、健康な肉体を維持することにも気を配った。薬草にも詳しく、ハーブの効能やその処方、病気や怪我の治療など、さまざまな活用の方法を知っていた。健康を維持するため、さらには健全な性欲をもつための男女別の薬草の選び方などもあったそうだ。現代科学によって薬草の成分や効能が明らかにされるほど、いかにその薬草の見立てが精確だったかがわかってきている。彼女は医学書『自然の妙薬』を著し、植物や動物、草木、薬草などが潜在的にもつ力を解き明かし、その効能や処方を提案した。またいわゆるファスティング（断食）についても言及し、身体のデトックス（毒素の排出）に効くとしている。また完全断食ではなく、野菜スープ、果物ジュースおよびハーブティーを摂ることを許可している［**16**］。このオーガニックでホリスティックな健康法は、まさに現代のトレンドとも合致している。

ヒルデガルトは「天上の聖なる声」を音で表現した作曲家でもあった。それは心が開け放たれていくような、清涼感と豊穣さを感じさせる音楽である。『ビンゲンのヒルデガルト——中世女性神秘家の生涯と思想』を著したH・シッペルゲスによれば、ヒルデガルトは七〇曲以上におよぶその典礼聖歌を「天上の啓示の交響楽的ハーモニー」と呼んでいた［17］。

ここで、同氏によるひとつの重要な指摘がある。彼女が作曲した典礼聖歌のメロディが、グレゴリオ聖歌の音域を超え、より大きな音域をもつということだ。グレゴリオ聖歌は単一の旋律を男声が歌うためのものであり、厳格かつ内省的な印象である。いっぽうでヒルデガルトの典礼聖歌はおもに女声によって歌われる単一および二声の旋律であり、清涼かつ開放的な印象をもつ。男声と女声の違いもあるかもしれないが、グレゴリオ聖歌は聖書をとおしての神との間接的対話、対して、ヒルデガルトのほうは神との直接対話とも感じられる。旋律の動きがより活発で音域も幅広い音楽、それは彼女自身の開放的な精神とそれに調和した肉体のあり方を象徴しているのではないだろうか。

このようにヒルデガルトの知識や活動範囲はたいへん広範であった。しかしヒルデガルトが後世におよぼした影響はわずかだという。彼女が没した一〇〇年後にはトマス・アクィナス（一二二五頃～一二七四）が『神学大全』を著し、アリストテレス的哲学思想とキリスト教思想を融合して体系的にまとめている。神のヴィジョンという象徴的な世界は、もはや大衆の理解を得ることができなくなっていた。

では、歴史のはざまにふと現れて消えたヒルデガルトという存在は、いったい何を意味するのだろうか。それは、五〇〇年後に始まるルネサンスの前触れではないだろうか。また一〇〇〇年後に始まる、現代のルネサンスの前触れだったのではないだろうか。ルネサンスが起こる前、すなわち中世は自由が抑圧されていた時代といわれる。その反動によって抑圧が一気に開け放たれ、人々が調和を模索したことがルネサンスにつながった。偶然にも、ルネサンスの巨匠レオナルド・ダ・ヴィンチが残した「ウィトルウィウス的人体図」と似たような人体図を、ヒルデガルトは幻視で見たものとして残している。円の中央に人間を配置し、周囲の世界との調和を描いたものだ。精神と肉体の調和、人間と世界の調和を説いた彼女のメッセージは、二一世紀を生きるわれわれにとってもっとも必要なことかもしれない。信仰の有無にかかわらず。

なおヒルデガルトは、カトリックの教皇と司教などの高位聖職者をはじめ、赤髭《あかひげ》王バルバロッサ(皇帝フリードリヒ一世/在位一一五二～一一九〇)など世俗社会を支配する神聖ローマ皇帝や政治家とも手紙を交わし、さまざまな提言や忠告を与えていた。教皇や皇帝からの手紙は、ヒルデガルトへの賛美と敬愛に続き、自身の職務などに関する助言を求める内容が多いが、それに対してヒルデガルトは、相手のおこないや資質を精確に見きわめたうえで、ときには厳しくも、率直に愛情をもって答えている。それは彼女自身が天からの声をそのまま伝えているだけだと述べていることからもわかる。

自然や宇宙の摂理、あるいは神仏、魂の世界……人によって信じるものはさまざまだが、人知を超える存在とつながっていると感じることは、人の意識をより大きな世界へと導いてくれるのだろう。

●音楽が宇宙とつながるという神秘

音楽と宇宙、音楽と惑星に関係を見出す考え方は、古代ギリシアまでさかのぼる。紀元前五世紀の数学者ピュタゴラスは協和音程を発見し、また地球を軸に秩序正しくまわる天体の運行そのものが音楽を奏でているという「天球の音楽」という考えを創出した。この考えは、紀元前四世紀の哲学者プラトンや一世紀の天文学者プトレマイオスにも受け継がれ、音と音を調和させている数の法則は、天体同士の関係に相当すると信じられてきた。そしてこれが中世まで、絶対的真理として信奉され、キリスト教社会の根幹をなしてきた。一六世紀にはコペルニクスによって天動説から地動説へと歴史的転換がなされるが、惑星の楕円運動法則を発見して地動説を決定的にした一七世紀の天文学者ヨハネス・ケプラーも、「音の高さの間に見られる特定の比は、特別な「崇高さ」や重要性を持っており、太陽系の配置と動きに組み込まれている」「音楽が人間の魂に与える影響は、こうした比に依存する」という考え方を解明しようとした［**18**］。

現代科学では、惑星が動いて重力場が引っ張るときに音波が出ていること、地球はハム音（ブーンという音）を出していること、すべての物体は固有の振動数をもっていること、などが実証されている［**19**］。これから音と宇宙の関係は、ますます解明されていくだろう。

科学的実証とは別に、音と宇宙がつながっているという神秘、天球に音楽があるという考え、これは人間の想像力をかきたてずにはいられないのかもしれない。昔もいまも。中世には、特定の周波数（ソルフェジオ周波数）には人間の身体の特定部位に働きかける作用があり、それを聴くと身体と精神が調和すると考えられた。その音律は聖歌などにも用いられていたとされる。これも宇宙と人間の調和がベースになっており、二一世紀のいま、ふたたび注目されているようだ。

また宇宙を描写した音楽として、二〇世紀初頭のイギリスの作曲家、グスタフ・ホルストの大管弦楽のための組曲《惑星》がよく知られている。火星から海王星まで、ギリシア神話に登場する神々とその外観から想起されるイメージをもとに、それぞれの楽章に独自のタイトルをつけている。その音楽から、宇宙空間のイメージが無限に広がっていく。

いっぽう、ふと宇宙空間へと誘われるような音楽もある。エストニア出身の作曲家アルヴォ・ペルト（一九三五〜）の音楽は、室内楽アンサンブル《フラトレス》などに見られるように、きわめて簡素で研ぎ澄まされた音のなかに宇宙空間が広がる。まるでそのひとつひとつの音が、宇宙の粒子であるかのように……！

この曲を聴いてみよう!　——ヒルデガルト・フォン・ビンゲン

○　一〇〇〇年前の女性作曲家がとらえた〝天の声〟
【聖歌集】《天啓の調和的響き》

——天球の音楽

○　各惑星のイメージを描いた組曲
【管弦楽曲】ホルスト／組曲《惑星》

○　極限のシンプルさが宇宙的広がりを生む曲
【室内楽曲】ペルト／《フラトレス》

すべては感じる&観じる力から

現代社会に生きるわれわれは、周囲の環境に合わせすぎて自分を見失ってしまうことがある。しかしあとから振り返れば、自分のなかの小さな声こそが正しかった、と気づくこともあるだろう。自然の流れに身をゆだねること。自然が発しているメッセージに耳を傾けること。自分の身体や感情が訴えていることに耳を澄ますこと。そしてそのとおりに行動すること――それには自分や自然のありさまをしっかりと「感じる力」が必要なのである。

ショパンは小さな心の声を、比類なく美しい旋律と和声に託した。ただ美しいだけでなく、半音階や不協和音によって生じるその微妙な和声の変化には、揺れ動く心が見てとれるようだ。それはときに懐かしさであり、怒りであり、悲しみであり、それらの感情を振り切ったところにある喜びであり、誇りであり、救いである。まるで自分自身を鋭く観察するかのようだ。

モーツァルトの場合、一曲のあいだでひっきりなしに楽想が変わっていくさまや、ひとつのシンプルなメロディに喜劇と悲劇が共存しているようなさまなど、曲のあり方そのものが人間的である。ふとしたきっかけで喜劇が悲劇に転じたり、悲劇が喜劇に転じたりと、人生は不思議な因縁で進んでいく。モーツァルトはそうした人間の表層的な言動や感情表現から、その奥に潜む人類普遍の真理を見抜いて音にした。まるで他者の姿を鋭く観察するかのように。

ショパンは三九年の生涯で約二一〇曲を書いた（大半がピアノ曲）。モーツァルトは三六年弱の短い生涯に八〇〇曲以上を書いた（オペラ、器楽曲、交響曲など）。じっくり考えるより先に、瞬時に舞い降りてくる楽想を書きとめようと、必死に筆を走らせた二人の姿が見えるようだ。答えはもう自然のなかにある、もう自分のなかにあるとでも言うように。「感じる力」とは、「観じる力（観察・観る力）」でもあるのだ。

○共通ポイント

・言葉以前の、感情やイメージを受けとめる力がある
・混沌のなかから、調和を見出す
・すべてはつながっているという発想をもつ

現代の教育にどう活かす？

フランスの音楽絵本

子どもに伝えたいさまざまな感情表現

さまざまな感情や感覚を子どもにどのように伝えたらいいだろうか？　そんなことを考えて創られた音楽絵本がフランスにある。

「ここはおもちゃ箱の世界。毎日毎朝行進を続けるおもちゃの兵隊さんは、ある日かわいらしい女の子シュウシュウと出会います。二人は恋に落ちますが、「恋をした兵隊は一〇日間禁固の刑」を言い渡され、自由のきかない身に。さらに友人の道化師が横恋慕し、シュウシュウのハートを奪ってしまいます。さて二人はどうなる……？」

ちょっと緊張感のあるストーリー。ドビュッシーのバレエ音楽《おもちゃ箱》は、愛娘シュウシュウのために書かれた作品である。これをもとにしたCD付絵本がフランスで人気だ［20］。この企画を提案したのは、ホルン奏者ダヴィッド・パストール氏が率いるアンサンブル・アゴラ。CDにはドビュッシーの音楽に合わせて、物語のナレーションも入っている。ナレーターはソプラノ歌手として有名なナタリー・デセイ氏。さすがの声色を使い分ける名手で、かわいいシュウシュウ、昔のパリジャンのような道化師、もったいぶった市長など、どれも個性豊かだ。

《おもちゃ箱》を聞いた子どもたちは、どのような印象をもっただろうか？　二人のお子さん（取材当時三歳と六歳の男の子）がいるパストール氏はこう語る。

「はじめて子どもたちがこの絵本を読んだとき、まず冒頭のメロディに反応していましたね。それから、道化師がシュウシュウに告白したあと、「私、あなたのことも好きよ。でも弟みたいに思ってるの……」と言われるところが好きなようです。ほんとうに理解できたかどうかわかりませんが、何か違いを感じるみたいですね。とくに六歳の子は。デセイさんは、この部分を特別な声色で語っているので、子どもにはわかるようです」

物語の世界にどんどん入りこむ子どもたち。音楽はどのような効果を添えているのだろうか？

「短いメロディがさまざまに変化しながら続き、それにともなってフィーリングも変化しながらストーリーが進んでいきます。イングリッシュ・ホルンのソロは三カ所あり、とても静かなのですが、ストーリーのなかで重要な部分を占めています。たとえば、兵隊が二四時間だけ自由を認められ、喜び勇んでシュウシュウに会いにいく途中、噴水の水面に顔を映して身なりを整える場面です。音楽が、人間の感情や状況をよく描き出していますね」

フランスの絵本制作者。左から、ミシェル・モロー氏、ダヴィッド・パストール氏

喜びの瞬間を前に、はやる気持ちを抑えて、少し冷静になるひととき。そんな一言では言い表せない心情を、音楽が代弁しているようである。さらにパストール氏によると、この音楽にはおもしろい仕掛けがあるという。

「ドビュッシーは場面によって、長調と短調のハーモニーを使い分けています。またフランスで昔から伝わるシャンソンの子守唄《faire dodo》が、ほんの少しですが引用されています。ですから親御さんも一緒に聴きながら、「あのフレーズ！」と気づいて楽しんでくれます。《おもちゃ箱》はさまざまな音楽の見本市としてもおもしろいと思います」

子どもだけでなく、大人の共感と関心を呼ぶツカミも、ドビュッシーは意識していたのである。まさに、家族で楽しめる音楽絵本なのだ。

●子どもに語りたいストーリー、音楽とは？

童話にはハッピーエンドが多いが、「子どもに悲劇を語ってもいいのか？」というのも気になるところ。

出版社ディディエ・ジュネス社ディレクター兼編集長のミシェル・モロー氏は、『マリア・カラス――オペラへのご招待』という絵本も手がけている［**21**］。ここに登場するオペラは、《トスカ》《椿姫》《ノルマ》《蝶々夫人》《ラ・ボエーム》と、すべて悲劇である。

「オペラの内容を、リアルなストーリーとして語る絵本を作りたかったのです。このような物語を子どもに語ってもいいと思いますから。すべて悲劇なので、最初は受け入れてもらえるか心配しまし

ドビュッシーの音楽を用いた絵本
『おもちゃ箱』

た。たとえば、《ノルマ》では主人公ノルマが自分の子に殺意を抱いているのですが、その部分はカットしてソフトな印象になるようにしました。でも、全体のメッセージは明確に伝わっていると思います。子どもは感性が豊かなんですね。絵本を読んだ友人のお嬢さんが、「ストーリーがすごくおもしろかった！」と言ってくれたそうです。この感想をいただいて、とても誇りに思っています」

悲劇だからといって語るのを避けず、リアリティをたいせつにしたい。そこに、モロー氏の強い信念がうかがえる。この絵本は八歳以上の子どもを対象としているが、大人でも楽しめる内容で、ストーリー、イラスト、マリア・カラスの声がみごとに溶け合っている。絵本を開いた瞬間、その世界のなかに入りこむことができるだろう［**22**］。

オペラの絵本『マリア・カラス――オペラへのご招待』

リトミック教育

現代の教育にどう活かす?

身体を動かして世界の音を感じ取る

子どものころから音楽を身体のなかに取り入れること。これはすべての土台になる。たとえばロシアでは、音楽、バレエ、フィギュア・スケート、新体操などにいたるまで、音楽そのものから身体の動きが生み出されているのが感じられる。これは幼少期からの教育によるものだろう。またフランスでは音楽院に入学すると、まずソルフェージュや楽器を使わずに表現力を高めることを学び、それから個々に合った楽器を決める。バレエ学校でも基礎練習のほか、表現力を学ぶ時間があるという。音楽をまず身体のなかに入れ、歌ったり、動いたりしながら、音楽を身体全体でとらえるのである。

身体を動かすことが、音楽の理解をもうながしていることを示した実験がある［**23**］。フランスのある小学校で児童一〇〇人に、ドビュッシーのピアノ曲〈アナカプリの丘〉（《前奏曲集第一巻》第五番）を二回聴かせた。一回目は音を聴くだけ、二回目は音に合わせて身体を動かさせたところ、児童のひとりは「一回目は自分が音楽を「見ている」感じ、二回目は音楽に「触れている」感覚がした」という。結果、どの児童も一回目と二回目で明らかな違いが出たことが、実験から導きだされた。「動きは、たんによりよく音楽を理解するための手段というだけではなく、むしろ音がどう鳴っているのかを正確に知るための方法なのである」と実験者は結論づけている。身体を動かすことによって音楽が内に入っていき、能動的に感情移入するようになるのだ。

●自然に音楽を体感し、理解するリトミック

このような考え方を体系化した教育プログラムのひとつが、スイスで生まれたリトミックである。音楽に合わせて身体を動かすことによって、リズム感、拍子感、表現意欲など、さまざまな力を自然に身につけていく。近年、さらに日本でも広まってきている。

三〇〇名以上の生徒を抱える石黒加須美氏の教室（愛知県）では、リトミック、音感教育、ピアノレッスンを組み合わせた総合的な音楽教育をおこなっている。学齢別に習得させたい能力を決め、音楽と連動させながら、さまざまな動きを身体に働きかけていくそうだ。

たとえば年少向けの発表会プログラムは「こうえんにいこう！」というお題を与えたうえで、虫を探そう、滑り台をすべろう、噴水を見つけた！などの場面を想定しながら、ピアノの音の高低を聴き分けてポーズを取ったり、リズムを聴き分けて反復したり、強弱を聴き分けて全身で音楽を表現させる。想像の世界のなかで、子どもたちは自由に遊びながら即時に反応していく。それによって集中力や判断力とともに、大きな声で堂々と歌う、歌いながら踊る（複数のことを同時におこなう能力）、広い舞台を大きく使うなどの能力が自然と身についていくそうだ。

全身をのびのびと動かすことに慣れてくると、身体の動きや意識の向け方も少しずつ複雑になっていく。年中の生徒は、指先への意識や状況をイメージする力を鍛えたり、チームごとにオリジナルポーズを創作したり、小一の生徒は、友だちと違う方向へ動いたり（判断力）、人と違うリズム・パターンを考えたり（独創性、責任感）、ボディ・パーカッションのアンサンブルに挑戦する。小二になると、ハーモニーやフレーズなど音楽の各要素を視覚化したり、感情を伝える目線や表情を考えたり、他人と違う動きと音でアンサンブルするなど、しだいに高度になっていく。リトミックに慣れてきた小三の生徒は、さまざまな道具を使いながら、自由な発想力や即興力に挑む（取材時のテーマは「工場で生まれる音楽」だった）。各グループが異なるリズムを同時に鳴らしたり（ポリリズム）、同じ曲の拍子を変えてビートの違いを感じたりして、相手をよく聴く力やフレーズ感覚への働きかけも増えていく。最後は小ロンド形式によるルロイ・アンダーソンの《タイプライター》を合奏してフィニッシュ！　年次が上がってくると、チーム全体をまとめたり、わからない人がいれば教えてあげたりと、リーダーシップも発揮するようになってくる。じっさい、生徒には生徒会長や学級委員長なども多いという。身体の使い方や意識が高められると、音楽はもちろんのこと、日常生活も変わってくるようだ。なにより、子どもたちの身体が伸びやかで、笑顔も晴れやか！　音楽を生き生きと感じて伝える身体を、小さいころから育むことが大事だとあらためて感じる［**24**］。

石黒加須美氏によるリトミックの授業風景

●世紀の発見は？

身体や思考が柔軟になると、より繊細で複雑な世界の動きを察知する感性も養われる。

例がやや飛躍するが、二人のノーベル賞受賞者、山中伸弥（二〇一二年ノーベル生理学・医学賞）と益川敏英（二〇〇八年ノーベル物理学賞）両氏の対談をまとめた『「大発見」の思考法』という本がある。二人に共通しているのは、意外なほどシンプルな発想の転換が、世紀の大発見につながったことだ。山中氏は、予想外の実験結果に驚いて感動した体験が、研究に打ちこむきっかけになったという。

「人間がまったく思いもかけなかった「ヘンな顔」を、自然は見せてくれる。そのヘンなことをきちんと受け止め、興味をもち追い求めていけば、独創的な自然に助けられて、ひとりでに独創的な次のステップへ行けるような気がしています」[25]

歴史をひっくり返すほどの発想の転換は、わずかな違いを見逃さない観察力、「ヘン」も柔軟に受けとめる感受性と身体感覚、それが備わったところに起こる、ほんの小さなきっかけから生まれているのかもしれない。

1 毛利衛『宇宙から学ぶ――ユニバソロジのすすめ』(岩波書店、2011)、p.139-140
2 ステファノ・マンクーゾ、アレッサンドラ・ヴィオラ『植物は〈知性〉を持っている――20の感覚で思考する生命システム』(久保耕司訳、NHK出版、2015)
3 フレデリック・ショパン『ショパンの手紙』(アーサー・ヘドレイ編、小松雄一郎訳、白水社、2003)、p.57
4 ショパン前掲書、p.71
5 ショパン前掲書、p.106-107
6 ショパン前掲書、p.182
7 ショパン前掲書、p.299
8 ウォルフガング・モーツァルト『モーツァルトの手紙』(岩波書店、1980)、下巻、p25
9 福岡伸一『芸術と科学のあいだ』(木楽舎、2015)、p.54
10 エレナ・マネス『音楽と人間と宇宙――世界の共鳴を科学する』(柏野牧夫監修、佐々木千恵訳、ヤマハミュージックメディア、2012)、p.193
11 モーツァルト前掲書、上巻、p.268
12 ジェイン・グラヴァー『モーツァルトと女性たち――家族、友人、音楽』(中矢一義監修、立石光子訳、白水社、2015)、p.425-427
13 西原稔・安生健『アインシュタインとヴァイオリン――音楽のなかの科学』(ヤマハミュージックメディア、2013)、p.28、p.30
14 H. シッペルゲス『ビンゲンのヒルデガルト――中世女性神秘家の生涯と思想』(熊田陽一郎、戸口日出夫訳、教文館、2002)、p.27-28
15 レジーヌ・ペルヌー『ビンゲンのヒルデガルト――現代に響く声』(門脇輝夫訳、聖母文庫、2012)、p.74-75
16 ペルヌー前掲書、p.172-173
17 シッペルゲス前掲書、p.34-35
18 キティ・ファーガソン『ピュタゴラスの音楽』(柴田裕之訳、白水社、2011、p.360-361)
19 マネス前掲書、p.237
20 Debussy, Rascal, Agora, *La boite à joujoux*, Didierl Jeunesse, 2005
21 Françoise de Guibert, *La Callas, une invitation à l'Opéra*, Didierl Jeunesse, 2007
22 菅野恵理子「ドビュッシーの音楽を、絵本で楽しむ」、『子供の可能性を広げるアート教育』第2回(PTNA〔ピティナ〕、2008、ウェブ記事)より一部転載
23 菅野恵理子「〈感〉から〈知〉に変える音楽の聴き方」、『子供の可能性を広げるアート教育』第6回(PTNA〔ピティナ〕、2008、ウェブ記事)より一部転載
24 『今こそ音楽を!』、2016年、第6章ライフスタイル&ボディ編「表現する身体を創る」
25 山中伸弥、益川敏英『「大発見」の思考法』(文藝春秋、2011)、p.191

参考 小坂裕子『フレデリック・ショパン全仕事』(アルテスパブリッシング、2010)
ニール・ザスロー、ウィリアム・カウデリー編『モーツァルト全作品事典』(森泰彦訳、音楽之友社、2006)

おわりに

いま、世界は大きく変化しつつある。また求められる人材像も変化している。現在子育てをされている方、学校や大学で学んでいる方、お仕事をされている方などは、どのような将来像を描きながら日々を過ごしているのだろうか？　そんななかで、音楽には何ができるのかを考えてきた。

本書では、「多様性から新しいヴィジョンを創る」「ソーシャルなマインドをもつ」「レジリエンスの精神をもつ」「フロンティアとして道を創る」「生命・宇宙のサイクルを感じとる」という五つの切り口から考えてみた。

作曲家の創造力の源泉は、大地にも、社会にも、歴史にも、自分の心の内にも、天空にもある。たとえば、大地の土を一粒一粒すくい上げるように採集した民謡をもとに作曲したバルトーク、人類の集合意識をごくシンプルな旋律に乗せたモーツァルト、広大な宇宙空間に一粒一粒と粒子を放ってゆくようなペルトの音楽……など。音楽には、ミクロの世界で起きていることをマクロの世界へ発信し、またはマクロの世界で起きていることをミクロの世界へ投影し、両者をつなげる力がある。そう考えると、いま聴いている音楽が、大きな世界の一部であることが感じられるのではないだろうか。
世界が変わるとは、世界情勢が変わるだけでなく、世界に対する見方が変わることでもある。そのきっかけになるのは「問い」である。「自分とは？　自分らしさとはなに？」「自分はこの世界でどう生きればいいの？」といった根源的な問いである。こうした問いに本気で向きあおうとすることは、膨大な暗記力が問われる問題に答えることよりもむずかしいかもしれない。シンプルで大きなテーマであるほど、さまざまな分野の学びを統合することが求められる。本書では、音楽の要素別の学び（時代様式・形式、楽器奏法、音楽理論など）だけでなく、それらをより大きなフレームで統合的に考え（人文学）、音楽が人間社会に果たしてきた役割を読み解き、活かすことをめざしている。

いま、日本の学校でも教育内容が変わりつつある。先生が一方的に教えるだけでなく、生徒自ら発言させる、協同作業を増やすなど、新しい教育手法が模索されている。すでに進学校の一部では、各教科の学びの上にそれらを統合的に学ぶ教科があるという。各分野で学んだ知識を統括し、社会・世界・自然・文化のためにどう活かしたらよいかという、より大きなテーマに取り組むのである。国際バカロレア採択校でもそれに近い教育課程を有する。めざすところは「○○高校・○○大学に入りたい」ではなく、「世界でリーダーシップを発揮したい」である。新しい世界観を創造する力がより求められていくだろう。

アメリカの総合大学では音楽が教養科目として学ばれていることを、前著(『ハーバード大学は「音楽」で人を育てる』)でご紹介した。今後日本の総合大学でも、人文学の一環として音楽が学ばれる環境が増えていくことが期待される。人間のあらゆる営みを音楽という切り口から学ぶことで、人間の潜在能力について新たな発見をもたらしてくれるだろう。本書でその一端が少しでもお伝えできればさいわいである。

なお本書の出版にさいし、フランスおよび日本での取材にご協力いただいた皆さまに心より感謝いたします。約一〇年前、パリに居住していたおり、フランスの芸術全般のあり方に感銘を受け、それが今日に至るまでの研究・執筆活動の原点となっています。また過去の連載記事(『子供の可能性を広げるアート教育・フランス編』『海外の音楽教育ライブリポート』)の転載許可をくださった全日本ピアノ指導者協会の福田成康専務理事、ならびに本書を出版してくださったアルテスパブリッシングの木村元さんに、心よりお礼を申し上げます。

二〇一八年五月

著者紹介

菅野 恵理子《すがの・えりこ》

音楽ジャーナリストとして国際コンクールや海外音楽教育の取材を手がけ、『海外の音楽教育ライブリポート』を長期連載（ピティナＨＰ）。また音楽で人の可能性を広げ、音楽と社会をつなげることをテーマに、調査研究、講演、メディア出演、雑誌寄稿などを行っている。著書に『ハーバード大学は「音楽」で人を育てる――21世紀の教養を創るアメリカのリベラル・アーツ教育』（アルテスパブリッシング、二〇一五）、インタビュー集『生徒を伸ばす！　ピアノ教材大研究』（ヤマハミュージックメディア、二〇一三）がある。上智大学外国語学部卒業。在学中に英ランカスター大学へ交換留学し、社会学を学ぶ。全日本ピアノ指導者協会勤務をへて現職。同研究会会員、マレーシア・ショパン協会アソシエイトメンバー。

未来《みらい》の人材《じんざい》は「音楽《おんがく》」で育《そだ》てる！

世界《せかい》をひらく5つのリベラルアーツ・マインド

二〇一八年六月三〇日　初版第一刷発行

著　者　菅野恵理子

発行者　鈴木 茂・木村 元
発行所　株式会社アルテスパブリッシング
〒一五五－〇〇三二
東京都世田谷区代沢五－一六－二三－三〇三
ＴＥＬ　〇三－六八〇五－二八八六
ＦＡＸ　〇三－三四一一－七九二七
info@artespublishing.com
https://artespublishing.com

装　丁　奥野正次郎（POROROCA）

印　刷
製　本　太陽印刷工業株式会社

ISBN 978-4-86559-184-2　C1073　Printed in Japan